RUE COPERNIC, L'ENQUÊTE SABOTÉE 1980-2023

CLÉMENT WEILL-RAYNAL

RUE COPERNIC, L'ENQUÊTE SABOTÉE 1980-2023

L'ARTILLEUR

DU MÊME AUTEUR

ROMANS

Le Tombeau de Rachi (1997 – Le Cerf)

Le Songe du guerrier (2006 – Albin Michel)

ESSAIS

Conversation sur les sujets qui fâchent – en collaboration avec Alexandre Adler et Gilles-William Goldnadel (2008 – Jean Claude Gawsewitch)

Le Fusillé du mur des cons (2013 – Plon)

ISBN : 978-2-81001-105-6

16 rue Vézelay – 75008 Paris

www.lartilleur.fr

à M. W-R

Sommaire

Chapitre 1
Pourquoi ce livre ?

On appelle ça un *cold case*. Il s'agit d'une enquête qui n'est ni résolue ni définitivement classée. Elle porte sur un crime ancien, dont la justice ne se résigne pas à refermer le dossier et espère parvenir un jour à trouver le coupable. Si l'expression est réservée le plus souvent aux crimes de droit commun, elle peut aussi désigner des affaires d'une tout autre ampleur. L'attentat de la rue Copernic est l'un de ces dossiers, non élucidé – (presque) oublié –, en tout cas non jugé.

Le 3 octobre 1980, une bombe de très forte puissance explosait devant la synagogue de la rue Copernic à Paris. Quatre personnes furent tuées, des dizaines d'autres blessées. Cet attentat antisémite a suscité une émotion considérable. Pour la première fois en France depuis la fin de la Seconde Guerre mondiale, des personnes étaient assassinées dans un attentat visant la communauté juive. Dans toutes les villes de France, des manifestations de solidarité furent organisées. À Paris, un cortège-fleuve rassembla plus de 200 000 manifestants avec, à sa tête, l'ensemble des autorités morales et politiques du pays qui jurèrent solennellement que le crime ne demeurerait pas impuni. Des centaines de déclarations, de réactions, de condamnations, d'objurgations et de tribunes indignées fleurirent alors dans la presse. On s'inquiéta de la résurgence des vieux démons, on sonna le tocsin contre le retour de la bête immonde et l'on fit le serment collectif que, cette fois, la France saurait protéger ses juifs.

Au cours de ces quatre dernières décennies, l'enquête a connu des hauts et des bas. Elle s'est orientée sur de fausses pistes, s'est retrouvée dans des impasses ou confrontée à des obstacles insurmontables. Mais aujourd'hui, après plus de quarante années d'investigations, les policiers et les magistrats, aidés des services de renseignements français et européens, sont parvenus à identifier les supposés commanditaires au sein de la nébuleuse des organisations terroristes moyen-orientales. Et surtout, un homme qui fait figure de suspect numéro un a été retrouvé : c'est aujourd'hui un septuagénaire. Il s'appelle Hassan Diab. Libanais, il a refait sa vie au Canada où il est devenu professeur de sociologie à l'université d'Ottawa. Malgré ce statut respectable et son profil de père tranquille, les enquêteurs français le suspectent d'être l'homme qui en octobre 1980 a déposé la bombe sur le trottoir, devant la synagogue de la rue Copernic.

Ces soupçons ne reposent pas que sur d'hypothétiques indices ou de vagues témoignages. L'enquête du juge antiterroriste Marc Trévidic, digne des meilleurs thrillers, est parvenue à rassembler de nombreux éléments qui constituent de très lourdes charges à l'encontre de Hassan Diab. Ce n'est pas sans de sérieuses raisons que la justice canadienne, après avoir longuement examiné le dossier transmis par les enquêteurs français, a accepté en novembre 2014 d'extrader vers la France l'universitaire qui bénéficie pourtant de la nationalité canadienne.

À son arrivée en France, Hassan Diab a été placé en détention préventive dans l'attente de son procès. Lors de son premier interrogatoire, il a protesté de son innocence. Il a affirmé être victime d'une erreur sur la personne tout en invoquant son droit au silence et a refusé de répondre à la moindre question. Coupable ? Innocent ? Dans tous les cas, le procès de Hassan Diab aurait dû logiquement se tenir dans un délai normal. Avant qu'un verdict ne soit rendu, la cour d'assises spéciale, compétente dans les affaires de terrorisme, aurait eu tout le loisir d'interroger l'accusé, de le confronter aux éléments du dossier, d'entendre ses arguments et ceux de ses avocats. Or, les choses ne se sont pas passées ainsi. Le procès aura lieu finalement en avril 2023, soit près d'une décennie après l'extradition du professeur de sociologie d'Ottawa. Que s'est-il passé ? En 2015, le juge Marc Trévidic a été contraint de quitter le pôle antiterroriste, sans avoir pu achever son enquête, en vertu d'un turn-over réglementaire qui limite à dix ans l'activité des magistrats dans certaines juridictions spécialisées. Trois ans plus tard, le 12 janvier 2018, les deux juges d'instruction ayant repris le dossier ont estimé que les charges relevées à l'encontre de Hassan Diab par leur confrère précédent n'étaient « pas probantes ».

Les magistrats ont en conséquence rendu une ordonnance de non-lieu qui a remis en cause l'essentiel de l'enquête menée depuis des années par le juge Trévidic et ses prédécesseurs. Après avoir passé plus de trois ans derrière les barreaux, Hassan Diab est sorti de prison le jour même et a pu regagner son domicile canadien par le premier avion.

C'est peu dire que la décision des deux juges a été accueillie au Palais de justice de Paris avec stupeur et incompréhension, tant du côté des familles des victimes de l'attentat que du parquet qui a immédiatement fait appel du non-lieu. La procédure pénale étant ainsi faite, l'appel du parquet n'était pas en mesure de bloquer la libération de Hassan Diab et de l'empêcher de quitter la France.

À partir de ce moment et pour d'inexplicables raisons, ignorées en tout cas du commun des mortels, le dossier semble s'être enlisé. La chambre de l'instruction de la cour d'appel a fait preuve d'une lenteur hors du commun. Les délais devant cette juridiction sont théoriquement de quelques semaines. Dans la pratique, c'est de l'ordre de plusieurs mois. En ce qui concerne le dossier de l'attentat de la rue Copernic, il a fallu à nouveau attendre trois longues années pour que les magistrats se prononcent. Le 27 janvier 2021, après avoir longuement examiné les charges, soupesé les arguments de la défense et de l'accusation, ordonné de nouvelles expertises, repoussé sans cesse les dates d'audience, les juges de la cour d'appel ont enfin fait connaître leur décision : ils ont infirmé le non-lieu rendu en faveur de Hassan Diab et renvoyé ce dernier devant une cour d'assises spéciale pour qu'il soit jugé. Les avocats de l'universitaire ont introduit à leur tour un ultime recours, en cassation, pour contester l'annulation du non-lieu. En mai 2021, la Cour de cassation a rejeté ce pourvoi et renvoyé de manière irrévocable Hassan Diab devant la cour d'assises spéciale de Paris.

Reparti à plus de cinq mille kilomètres, Hassan Diab jouit aujourd'hui d'une relative quiétude au Canada. Il y bénéficie du soutien de nombreux médias et d'ONG dont beaucoup se situent dans la mouvance d'extrême gauche ou islamiste. Ces organisations et leurs relais mènent une campagne en sa faveur, le présentent comme la victime d'une erreur judiciaire et de l'acharnement d'une justice française aveugle. Depuis son non-lieu, l'universitaire n'est plus extradable. Il faut reprendre à zéro toute une procédure longue et incertaine. Il n'est pas sûr en outre que la justice canadienne consente à une nouvelle demande d'extradition compte tenu de la manière dont s'est conclue la première. Dans les couloirs du Palais de justice de Paris, certains évoquent un scandale judiciaire, une « enquête sabotée ».

Ce livre ambitionne d'exposer tous les éléments du dossier de l'attentat de la rue Copernic. Et de formuler aussi quelques questions. Pourquoi, plus de quarante ans après l'attentat, l'affaire n'est toujours pas jugée alors que le nom de Hassan Diab est apparu dans la procédure dès les années 2000 ? Comment expliquer un tel manque d'empressement et de tels errements dans l'une des plus graves affaires de terrorisme que la France a connues ?

L'histoire de l'attentat de la rue Copernic est aussi celle d'une gigantesque manipulation de l'opinion publique

Cette interrogation dépasse largement le cadre de l'institution judiciaire et concerne la société française dans son ensemble. J'ai moi-même été témoin de l'émotion suscitée par l'attentat. J'avais 20 ans, j'habitais Paris et pour avoir assisté au déchaînement de l'hystérie collective dans les jours et les semaines qui ont suivi, je sais combien l'affaire de la rue Copernic charrie de mauvaise conscience et embarrasse encore aujourd'hui les mémoires. Dès le soir de l'attentat, l'événement a été marqué du sceau du mensonge politique et de la manipulation de l'opinion publique. Les chroniqueurs ne retiennent aujourd'hui de ces semaines troublées que « la petite phrase » – la gaffe – du Premier ministre de l'époque. Raymond Barre avait déploré que cet attentat qui visait des juifs allant prier à la synagogue ait finalement touché des « Français innocents » qui passaient dans la rue. Lapsus révélateur ou déclaration maladroite ? Le chef du gouvernement s'en était expliqué.

L'essentiel n'est pas là. Certains l'ont peut-être oublié ou ne l'ont jamais su : l'attentat contre la synagogue de la rue Copernic a été l'occasion d'une fantastique opération de désinformation dont les effets perdurent encore aujourd'hui. Dès le soir de l'attentat, un invraisemblable mot d'ordre a été lancé et répété comme un mantra : « Ce sont des nazis qui ont posé la bombe ! » Cette accusation ne reposant sur aucun fondement s'est répandue comme une traînée de poudre. Toute la France l'a reprise en chœur. Tous ! Journalistes, politiques, syndicalistes, intellectuels, responsables associatifs, prêtres, anciens combattants, francs-maçons, autorités morales, se levèrent d'un seul homme pour appeler le pays à réagir contre la menace de milices néonazies aussi fantomatiques qu'imaginaires. Des manifestations monstres contre « la montée du nazisme » eurent lieu à Paris et dans les grandes villes de France. Chacun y alla de sa condamnation solennelle, de son exhortation à combattre « la bête immonde », de son analyse personnelle visant à comprendre par quels manquements, par quel aveuglement la société française avait laissé l'hydre nazie réinstaller ses réseaux occultes sur notre territoire. Il faut relire la presse d'octobre 1980 et des mois qui ont suivi pour, avec quarante ans de recul, prendre la pleine mesure du délire collectif qui s'est emparé de la France entière.

Très vite l'enquête policière a pourtant mis « les nazis » hors du coup. À l'aube de ces années 1980, la mouvance néonazie française n'était en réalité constituée que de deux ou trois groupuscules réunissant de bien maigres troupes, quelques dizaines au grand maximum de militants désœuvrés, dont beaucoup relevaient plus du centre médico-pédagogique que de la défunte Cour de sûreté de l'État. Leurs principaux faits d'armes se limitaient à l'impression de bulletins ronéotypés à la gloire du Troisième Reich et à des réunions confidentielles dans des caves ou autre locaux exigus. Les perquisitions, effectuées dans les jours qui ont suivi l'attentat et lors desquelles aucune arme ou explosif n'ont été saisis, ont confirmé que ces groupuscules étaient bien incapables, à supposer qu'ils en aient eu le projet, de fabriquer une bombe de la puissance de celle qui avait dévasté la rue Copernic. Quelques jours après l'attentat, les investigations policières ont en revanche très vite identifié une piste moyen-orientale qui devait conduire ultérieurement à un groupe terroriste palestinien.

La fantasmagorie antinazie qui s'est emparée de la société française à partir du 3 octobre 1980 n'était pas mue par la seule naïveté collective. Elle n'était pas que le résultat de gros titres de la presse à sensation et des supputations de médias peu rigoureux, prompts à relayer les thèses les plus extravagantes. Lorsque des indiscrétions sur les premiers résultats de l'enquête policière privilégiant une piste palestinienne ont filtré dans la presse, de puissants relais d'opinion ont persévéré dans leur volonté d'accréditer la thèse d'un complot ourdi par des groupes d'extrême droite européens. Qui donnait le ton ? Qui menait le bal ? Pour l'essentiel, les partis et organisations de gauche au premier rang desquels le Parti communiste français (PCF), inféodé à l'époque à l'URSS, et ses associations satellites qui ont profité des circonstances pour faire circuler l'une des bonnes vieilles fables de la propagande soviétique : celle d'une menace nazie persistante sur la France et l'Europe.

Dès le soir de l'attentat, c'est le MRAP, le Mouvement contre le racisme et l'amitié entre les peuples, qui a lancé sans le moindre début de preuve l'accusation que la bombe avait été posée par des nazis et qui a pris l'initiative d'une grande manifestation populaire de protestation. Dans les jours et les semaines qui ont suivi, des responsables de syndicats de policiers très nettement marqués à gauche ont mis en cause l'institution policière en affirmant que celle-ci était elle-même infiltrée par des réseaux nazis occultes. Pourquoi une grande partie de l'opinion est-elle à ce point tombée dans le panneau ? Je l'ignore, je ne suis pas un spécialiste de la psychologie des foules. Ce qui est certain et admis par de nombreux observateurs de la vie politique, c'est que l'émotion suscitée par l'attentat de la rue Copernic et la crise de confiance qui en a résulté ont joué un rôle déterminant dans la défaite de Valéry Giscard d'Estaing lors de l'élection présidentielle du 10 mai 1981 et la victoire du premier président socialiste de la Ve République François Mitterrand.

L'affaire de l'attentat de la rue Copernic est imprégnée de non-dits et de sujets tabous. S'y entremêlent le terrorisme international et la vie politique française. Elle touche aux questions du racisme et de l'antisémitisme, du nazisme et de la collaboration. Et aussi, bien sûr, au conflit israélo-palestinien. Voilà pourquoi il s'agit d'un dossier empoisonné. Il y a quarante ans, la fausse piste nazie arrangeait finalement beaucoup de monde.

Descendre dans la rue pour crier « Non au nazisme ! » offrait à tout un chacun l'occasion de s'acheter pour pas cher un brevet d'héroïsme et, sans trop de courage, une médaille de la résistance. En France, on adore les croisades à contretemps. Comme il est bon de convoquer l'histoire juste pour une promenade en ville, comme il est exaltant de brandir une banderole au slogan anachronique mais qui vous donne bonne conscience !

Les pavés parisiens résonnaient encore du pas des manifestants bien résolus à ne pas laisser le fascisme passer, que les soupçons des enquêteurs se portaient déjà sur un groupe terroriste palestinien. Là, il y a eu moins de résistants pour s'indigner, moins de tribunes dans *Le Monde* pour s'interroger : pourquoi donc un groupe terroriste palestinien a-t-il envoyé un commando déposer une bombe devant une synagogue d'un quartier huppé de Paris ? Pourquoi des Palestiniens chercheraient-ils à tuer des citoyens français de confession juive à plus de trois mille kilomètres de la terre dont ils se considèrent dépossédés ? Autant de questions gênantes qui viennent brouiller l'image positive entretenue en France de la cause palestinienne et mettre à mal le bel ordonnancement du récit servi par une propagande simpliste. Dans de nombreux milieux, en particulier à gauche, la Palestine demeure une cause sacrée. Elle incarne la dernière version du romantisme révolutionnaire, après l'échec des précédentes. La cause palestinienne permet de s'opposer aux juifs – pardon aux « sionistes » – en évitant d'être soupçonné d'antisémitisme. Voilà pourquoi, dès le soir de l'attentat, des partis et des organisations aux positions anti-israéliennes notoires ont vendu à l'opinion l'histoire d'un *Fantomas* nazi insaisissable.

Mais en coulisses, à la même époque, les autorités françaises passaient un accord officieux avec des organisations terroristes arabes, leur permettant d'utiliser la France comme base arrière ou zone de transit en échange de leur engagement à ne commettre des attentats que dans d'autres pays. Ce pacte honteux est aujourd'hui un fait établi. Peut-être certains considèrent que, quarante ans après, la vérité doit céder le pas au silence et à l'oubli ?

Alors que la France est à nouveau menacée par le terrorisme et que le procès de l'attentat de la rue Copernic doit enfin se tenir, il est au contraire temps d'ouvrir le dossier et d'en exposer tous les enjeux.

Chapitre 2
Qui a posé la bombe ?

L'attentat a eu lieu en fin de journée dans une rue calme et cossue du 16e arrondissement de Paris. L'explosion s'est produite à 18 h 35 très précisément, ainsi que l'ont relevé des policiers qui se trouvaient en faction devant l'ambassade d'Argentine, située à quelques pâtés de maisons des lieux de l'attentat. La puissance de la déflagration a dévasté la rue Copernic sur plusieurs dizaines de mètres. Des voitures réduites à l'état de carcasses fumantes ont été projetées sur la chaussée. Les devantures des magasins et les vitres des appartements ont été soufflées dans un rayon de cent cinquante mètres.

Trois corps sans vie sont retrouvés à même le sol. Certains passaient là par hasard, lorsque la bombe a explosé. Philippe Bouissou, un jeune homme de 22 ans qui se rendait à moto chez sa fiancée. Aliza Chagrir, une touriste israélienne en vacances à Paris qui regagnait son hôtel. Jean-Michel Barbé était le chauffeur d'une famille qui fréquentait la synagogue. Il attendait à l'extérieur. Une quatrième victime, Hilario Lopez Fernandez, le concierge de l'*Hôtel Victor Hugo* situé en face de la synagogue, est grièvement blessé et décédera deux jours plus tard. Au total, une quarantaine de personnes sont blessées à des degrés divers. Les victimes les plus légèrement atteintes se comptent parmi les trois cents fidèles qui se trouvaient à l'intérieur de la synagogue. Ce vendredi soir du 3 octobre 1980, veille de chabbat, était aussi le jour de la fête de *Simhat Torah* qui attire une forte affluence. Le souffle de l'explosion a provoqué l'effondrement du faux plafond et de débris de verre sur l'assistance. Ce soir-là, le rabbin a été trop long d'un bon quart d'heure dans son sermon. La foule des fidèles aurait dû se trouver dehors, devant la synagogue, au moment où la bombe a explosé. Ce contretemps liturgique a évité un carnage.

Car c'est bien un attentat de grande ampleur qui a été préparé. La bombe était composée de dix kilos de penthrite, un explosif des plus puissants, utilisé par les militaires et aussi les terroristes. Très vite, l'enquête va établir que l'engin était fixé à l'arrière d'une moto Suzuki garée sur le trottoir, à quelques mètres de la porte de la synagogue. Le caractère antisémite de l'attentat ne fait aucun doute. Ce sont bien les fidèles de la synagogue qui étaient visés. Demeure une interrogation : qui en sont les auteurs, quelles sont leurs motivations ? Dès le soir de la tuerie, puis dans les jours et les semaines qui vont suivre, un mot d'ordre s'impose comme une évidence : un groupe néonazi a perpétré l'attentat. Dans une quasi-unanimité, la France va communier au sein d'une grande croisade républicaine contre d'invisibles « nostalgiques du Troisième Reich », accusés d'avoir commis le crime.

Or, rien n'autorise à ce stade pareille affirmation. Certes, quelques minutes après l'explosion, un correspondant anonyme a revendiqué l'attentat auprès de l'AFP au nom des « Faisceaux nationalistes européens ». Cet appel est cependant jugé peu crédible par les enquêteurs. Les Faisceaux nationalistes européens sont en réalité un groupuscule d'extrême droite sans grande envergure, dont les militants – quelques dizaines au grand maximum – sont archiconnus de la police. Tous feront l'objet de perquisitions et d'interpellations et seront mis hors de cause. Ce coup de filet dans les milieux d'extrême droite vise à la fois à rassurer l'opinion et à « fermer des portes », comme on dit en jargon policier. La piste nazie va pourtant être présentée à l'opinion publique française comme une certitude.

Pour tenter de comprendre ce qui va alors s'enclencher, il faut se replonger dans l'ambiance de ce début d'automne 1980. Aucun événement grave ou important n'est venu marquer l'actualité qui tourne au ralenti. La rentrée sociale « chaude », traditionnellement annoncée par les syndicats, ne s'est pas produite malgré le chômage et l'inflation. Les dossiers de l'heure sont les difficultés de la célèbre entreprise Manufrance et la polémique sur les veaux aux hormones qui inquiète les consommateurs jusqu'à déstabiliser la filière bovine. Sur le front politique, la France s'accorde quelques semaines de répit avant d'entamer la campagne pour l'élection présidentielle. Elle se conclura le 10 mai 1981 par la défaite du président sortant Valéry Giscard d'Estaing et la victoire historique de François Mitterrand, le premier président socialiste de la Ve République.

À l'étranger, la situation est plus tendue, mais les Français se considèrent à l'abri des grands dangers du monde. Le 22 septembre, l'Irak a déclenché une guerre surprise contre l'Iran qui va durer huit ans et fera un million de morts. En Iran, où les ayatollahs viennent d'arriver au pouvoir, des *étudiants islamiques* retiennent en otage depuis de longs mois des diplomates américains, avec la complicité des autorités de Téhéran. Cette crise gravissime, dont les conséquences subsistent encore aujourd'hui entre l'Iran et les États-Unis, sera l'une des causes de la défaite, le 4 novembre 1980, du président démocrate Jimmy Carter face à son outsider républicain, Ronald Reagan. L'ancien acteur hollywoodien, à la victoire duquel peu d'experts français croient, restera dans l'histoire comme l'un des très grands présidents américains. En Russie le système soviétique vermoulu vit ses dernières années, mais les Russes ne le savent pas encore. L'armée rouge est depuis un an embourbée en Afghanistan et l'URSS regarde d'un mauvais œil le mouvement de protestation conduit par le syndicat *Solidarność* qui agite la Pologne.

Reste le conflit israélo-arabe, toujours non résolu. Sur ce terrain aussi, la situation est plutôt calme. Un an auparavant, l'Égypte a signé un traité de paix avec Israël et aucune confrontation militaire majeure n'a marqué la région depuis des années. La dernière en date était la guerre du Kippour, en 1973. Les organisations armées palestiniennes ont pris le relais et poursuivent un combat asymétrique en employant l'arme du terrorisme. Des attentats sanglants sont perpétrés en Israël et frappent parfois d'autres cibles – notamment juives – à travers le monde.

Des groupes néonazis faméliques

Alors, dans ce paysage où se cachent les nazis ? D'où viennent-ils, quelles sont leurs soutiens, leurs bases arrière ? En réalité, la mouvance néonazie est quasi inexistante en France et se résume à de minuscules organisations qui végètent en marge du Front national (FN), le parti d'extrême droite fondé quelques années plus tôt par Jean-Marie Le Pen. Le FN est lui-même à l'époque un mouvement très minoritaire qui ne pèse guère plus de 1 % dans les sondages. Même si son parti sent encore le soufre, Jean-Marie Le Pen est parvenu depuis les années 1970 à fédérer un courant politique très hétéroclite, à l'avoir peu à peu intégré dans le jeu parlementaire et républicain. À sa fondation, le Front national est un assemblage d'anciens pétainistes, de têtes brûlés de l'Algérie française, de catholiques traditionalistes, d'étudiants opposés au gauchisme, très en vogue dans les facultés, et prêts à faire le coup de poing au quartier latin. Il réunit aussi des monarchistes, des paganistes, des anticommunistes à tout crin, des antiaméricains, des antirépublicains de toujours. L'antisémitisme est certes l'une des valeurs partagées par nombre d'adhérents et de sympathisants. Jean-Marie Le Pen lui-même défrayera la chronique dans les années qui suivent et sera condamné par les tribunaux pour ses déclarations sur les chambres à gaz, qu'il considère être un « détail de l'Histoire ». On peut supposer que certains militants nourrissent en leur for intérieur une fascination pour l'Allemagne hitlérienne, mais il serait abusif de considérer le Front national comme un repaire de nostalgiques du nazisme. Dès sa création, le parti de Jean-Marie Le Pen va surtout prospérer sur des thématiques anti-immigrations. Le soir de l'attentat de la rue Copernic, personne d'ailleurs ne met en cause le Front national qui condamne la tuerie sans ambiguïté.

Pourquoi alors, en l'absence de tout indice ou piste sérieuse, accuser un groupe néonazi ? L'opinion a été, il faut le reconnaître, un peu chauffée dans les semaines et les mois qui ont précédé. L'hypothèse d'un acte criminel fomenté par l'extrême droite n'est pas en soi absurde. Deux mois auparavant presque jour pour jour, le 2 août 1980, il y a eu l'attentat de la gare de Bologne, en Italie. Une bombe a tué 80 personnes et en a blessé plus de 200. L'enquête qui va durer quinze ans établira la responsabilité de néofascistes cherchant à déstabiliser la démocratie italienne. Une semaine avant Copernic, le 26 septembre 1980, une autre bombe a explosé, cette fois à la fête de la bière de Munich, en Allemagne de l'Ouest. Il y a eu 13 morts et 200 blessés. L'auteur de l'attentat, un militant d'extrême droite, est mort dans l'attentat. Il semble qu'il ait agi seul. L'enquête n'ira pas plus loin.

La France, elle, semble épargnée par cette vague de violence extrême. Il y a bien eu des incidents, mais sans commune mesure avec ceux qu'ont connus l'Italie et l'Allemagne. Au mois d'août 1980, le ministère de l'Intérieur a annoncé la suspension d'un inspecteur de police des Renseignements généraux, nommé Paul-Louis Durand, en raison de son appartenance à un groupe néonazi, la Fédération d'action nationale européenne (Fane). Cette annonce intervient quelques jours après l'attentat de Bologne et la presse en fait ses gros titres. Le 3 septembre la Fane a été dissoute par décret du ministère de l'Intérieur. Son leader, Mark Fredriksen, un obscur employé de banque, a comparu quelques jours plus tard devant la 17e chambre correctionnelle du tribunal de Paris pour apologie de crime contre l'humanité et incitation à la haine raciale. Il doit répondre d'articles publiés dans *Notre Europe*, l'indigent bulletin de son organisation. Avant même la dissolution de la Fane, Mark Fredriksen avait déposé les statuts d'une autre association jumelle, les Faisceaux nationalistes européens, celle-là même au nom de laquelle un correspondant anonyme adressera une fausse revendication le soir de l'attentat de la rue Copernic. Les Faisceaux nationalistes européens seront à leur tour dissous par décret. Après avoir été totalement mis hors de cause dans le dossier Copernic, Mark Fredriksen a été condamné à une peine de prison avec sursis et à 3 000 francs d'amende par le tribunal correctionnel pour ses éditoriaux à la gloire du Troisième Reich. Celui qui se rêvait en « führer français » a été licencié de la banque où il travaillait. Ses employeurs n'ayant que très moyennement apprécié la révélation publique de ses activités militantes. Il est retombé dans l'oubli médiatique et a vivoté en lavant des voitures dans un garage. Il est mort en 2011 dans le plus parfait anonymat. Voilà résumées à grand trait la vie et la carrière du leader néonazi. Du point de vue policier et judiciaire, tout cela s'est avéré n'être que du menu fretin, très éloigné en tout cas de la réalité du terrorisme.

Un dernier élément, plus troublant, doit être signalé. La semaine précédant l'attentat de la rue Copernic, plusieurs façades de synagogues, écoles juives et bâtiment de la communauté juive à Paris ont été la cible de tirs de carabine. Les écoles de la rue Lamarck et de l'avenue Secrétan dans le nord de la capitale. La Grande Synagogue de la rue de la Victoire. Le Mémorial du martyr juif inconnu, dans le quartier du Marais. Ces tirs sont survenus en pleine nuit et la police ne dispose que de peu d'indices. Un correspondant anonyme a revendiqué ces actions au nom des Faisceaux nationalistes européens. Revendication qui, déjà, aiguille les enquêteurs sur une fausse piste. Le coup de filet et les perquisitions chez les militants d'extrême droite proches des Faisceaux nationalistes européens démentiront la moindre implication de ceux-ci dans ces fusillades. On ne peut néanmoins qu'être frappé par l'enchaînement des événements. Coïncidence, prémices d'une manipulation ? L'enquête sur l'attentat de la rue Copernic n'a pas établi de lien avec ces incidents dont les auteurs n'ont jamais été identifiés. Une chose en revanche va être établie dès les premières investigations et confortée par la suite de l'enquête : l'attentat contre la synagogue n'a pas été commis par des nazis européens mais par des terroristes arabes venus du Moyen-Orient.

Chapitre 3
Les nazis sont entrés dans Paris

Par quel étrange mécanisme intellectuel la thèse d'un crime perpétré par un groupe nazi clandestin s'est-elle imposée dans les esprits dès le soir de l'attentat ? Émotion collective mal contrôlée, récupération politique, opération concertée de désinformation ? Il faut relire la presse de ce mois d'octobre 1980 pour prendre la mesure du vent de folie qui a agité l'ensemble de la société française.

Hommes politiques, syndicalistes, responsables associatifs, journalistes, intellectuels, autorités morales… tous ont accouru pour sonner le tocsin, dénoncer la menace nazie planant sur le pays. Tous – à travers des tribunes, des déclarations, des banderoles, des cortèges, des manifestations, des imprécations – ont clamé que cette fois *le fascisme ne passerait pas*, qu'il faudrait compter avec eux, qu'ils étaient prêts pour le combat. Tous ont tendu leur poitrine avec une bravoure d'autant moins risquée que les bruits de bottes SS sur le pavé parisien n'avaient résonné que dans leur imagination.

Qui, le premier, a lancé le mot d'ordre ? Au sommet de l'État, on est resté prudent. Le vendredi soir, un communiqué de l'Élysée qualifie l'attentat « d'odieux » et assure que la police va rechercher les coupables. Le Premier ministre Raymond Barre va dans le même sens et le ministre de l'Intérieur Christian Bonnet promet que les pouvoirs publics mettront tout en œuvre pour retrouver les assassins.

Ces déclarations convenues sont vite estompées par la clameur publique. Dès les premières heures, la gauche, dans toutes ses composantes, est à la manœuvre. Le Parti socialiste (PS) exige la démission du ministre de l'Intérieur et s'émeut de « l'impunité » dont serait assuré « le terrorisme d'inspiration néonazie et raciste ». Le premier secrétaire du PS François Mitterrand, futur candidat à la présidence, enfonce le clou et dénonce la présence « d'activistes d'extrême droite » jusque dans l'entourage du président de la République Valery Giscard d'Estaing. « Le ver est dans le fruit », avertit François Mitterrand. Son jeune lieutenant, Jean-Pierre Chevènement, qui incarne l'aile gauche du PS, en rajoute : « La vérité est qu'une véritable osmose s'est créée entre une partie du personnel dirigeant giscardien et l'extrême droite française, de Vichy en passant par l'OAS », déclare celui qui deviendra ministre de la Défense puis ministre de l'Intérieur sous plusieurs gouvernements socialistes. Le Parti communiste appelle tous les « travailleurs » à « exprimer leur indignation devant ce crime, à s'opposer à toutes les activités et agressions de caractère raciste et fasciste ». Les communistes exigent du gouvernement « qu'il se décide enfin à prendre les mesures efficaces qui s'imposent pour mettre un terme à ces activités et, en premier lieu, à celles des groupes néonazis ».

Il faut relire l'édito solennel de Serge July, le directeur de *Libération.* Le quotidien est encore à l'époque un journal d'extrême gauche d'inspiration maoïste, mais qui commence à jouir d'une certaine notoriété. Au printemps 1981, il achèvera sa mue, optera pour une ligne plus consensuelle propre à séduire toute une génération de lecteurs post-soixante-huitards aux options politiques révolutionnaires et au mode de vie passablement embourgeoisé (on ne disait pas encore bobos). Serge July donc rédige, dès le vendredi soir, dans les toutes premières heures qui ont suivi l'attentat, son édito intitulé « Qui ? ». Le directeur de *Libé* ne dispose alors d'aucun élément pour formuler un début de réponse à sa question mais il avance d'emblée la thèse d'un complot d'extrême droite sur lequel il fonde toute son analyse. « Le massacre est une figure obsessionnelle du fascisme, c'est l'extermination sous forme d'attentats meurtriers », écrit le journaliste qui évoque un « effet de choc en réduction de l'Holocauste ». Serge July valide sans émettre la moindre réserve la piste néonazie. « Les tueurs sont évidemment des fascistes [...] il faut être fasciste dans sa tête pour commettre un tel acte », martèle le directeur du journal.

Le PCF fait aussi appel à toutes ses organisations satellites pour battre la campagne. Le MRAP va connaître son heure de gloire en prenant la tête de la croisade. Une grande manifestation « unitaire » est organisée pour la semaine suivante, le mardi 7 octobre. Ce sera une marée humaine. Plus de 200 000 personnes à Paris se joignent au cortège en tête duquel le MRAP a déployé une banderole « Halte au racisme, halte au fascisme ». Tous les partis de gauche sont là, les communistes, les socialistes, les centristes des radicaux de gauche, les durs de la Ligue communiste révolutionnaire et du Parti communiste marxiste-léniniste, les intellos du Parti socialiste unifié. Même les partis de la droite gouvernementale ont accepté de participer au grand rendez-vous républicain qui, dans ces heures graves, est censé transcender tous les clivages. L'UDF du président Valéry Giscard d'Estaing est là. Les gaullistes du RPR aussi. Les principaux syndicats, le Comité intersyndical du livre parisien (CGT), la CFDT ont appelé leurs adhérents à descendre dans la rue. La Fédération nationale de l'enseignement est présente ainsi que les cadres de la CGC. Les antiracistes de la Licra défilent derrière leur propre banderole mais ont intégré le cortège, tout comme le Crif, le Conseil représentatif des institutions juives de France, qui a appelé l'ensemble de ses organisations à se rassembler sous le mot d'ordre suivant : « La communauté juive unie contre le fascisme et le terrorisme. » Le MRAP a réussi à entraîner toute la France – ou presque – dans son sillage. Une kyrielle de ligues, d'associations, de mouvements, d'unions (on ne dit pas encore ONG) : les écologistes des Amis de la Terre, la Fédération des conseils de parents d'élèves (FCPE) des écoles publiques, l'Union nationale des comités d'action lycéens, les fédérations d'anciens combattants, les anciens déportés internés résistants et patriotes, les victimes de guerre, les scouts, les chercheurs, les francs-maçons toutes obédiences confondues, la CGT, les féministes du MLF, du mouvement « Choisir la cause des femmes », le Mouvement de résistance internationale des femmes à la Troisième Guerre mondiale… Pardon si j'en oublie. Des manifestations similaires ont lieu dans toutes les grandes villes de France.

À Paris comme en province, le démarrage des cortèges a été fixé à 17 heures. Pour permettre à chaque Français de s'y associer, les entreprises, les usines, les bureaux, les lycées ont unanimement décidé de libérer les salariés et les élèves deux heures plus tôt.

L'annonce en a été faite sur les radios et à la télévision. À quelques heures de la manif, le journal de la mi-journée d'Antenne 2 (qui ne s'appelle pas encore France 2) a longuement donné la parole à Albert Lévy, le secrétaire général du MRAP, qui a une nouvelle fois appelé tous les Français à venir protester « contre le néonazisme ». Des manifestations ont lieu à Lyon, Bordeaux, Lille, Marseille, Avignon, Aix-en-Provence, Grenoble, Montpellier, Orléans… À Reims, le cortège s'est d'abord rassemblé devant l'ancien siège de la Gestapo avant de gagner le monument de la Résistance et celui aux morts des deux guerres mondiales. À Rennes, le trajet de la manifestation a été organisé du monument de la déportation à l'hôtel de ville.

Depuis quatre jours, tout le monde y va de son communiqué. Chaque organisation rivalise dans l'emphase et la surenchère. La France est appelée à se dresser « contre le fascisme », « contre le nazisme », « contre les fascistes », « contre les néonazis », « contre les groupuscules nazis », « contre l'hydre nazie », « contre la bête immonde », « contre les émules d'Hitler », « contre les nostalgiques du Troisième Reich »… Difficile de s'opposer à une telle déferlante. Même à droite, les têtes les plus froides cèdent à la pression ambiante et sacrifient à cet exorcisme. Le président de l'Assemblée nationale et ex-Premier ministre, Jacques Chaban-Delmas, qui est ancien résistant, déclare à la tribune de l'hémicycle : « Ceux qui ont vécu le nazisme sont déterminés à en combattre les résurgences ! » Raymond Barre s'exprime à son tour face aux députés. Il veut faire oublier sa petite phrase maladroite de la semaine passée opposant « les fidèles Juifs » aux « Français innocents ». Le Premier ministre dispose déjà des premiers éléments de l'enquête, qui orientent les investigations vers une piste moyen-orientale, mais ne communique aucune information à ce sujet. Avec des trémolos dans la voix, il évoque le nazisme : « Le terrorisme est un crime sans visage qui, par sa nature même, ne frappe que des innocents. L'horreur qui s'y attache est encore aggravée par le fait que l'attentat visait ceux d'entre nous qui, il y a quarante ans à peine, ont connu des épreuves indicibles. Qui depuis vendredi dernier n'a cessé d'évoquer le long cortège de ces hommes, de ces femmes et de ces enfants qui, par millions, ont disparu dans la nuit et le brouillard. »

Même s'il n'exclut pas une « provocation », le garde des Sceaux Alain Peyrefitte s'associe à l'esprit du moment. « Apparemment, ce massacre des innocents semble venir de l'extrême droite, d'une renaissance du nazisme et du fascisme », déclare quarante-huit heures après l'attentat le ministre de la justice invité sur le plateau de TF1. Simone Veil est pareillement mobilisée pour convoquer le passé. La présidente du Parlement européen est un symbole vivant, elle incarne une parole incontestable et incontestée. L'ex-ministre de la Santé a été déportée adolescente à Auschwitz. Ses parents et son frère ont péri dans la Shoah. Le soir de la grande manifestation parisienne, elle est l'invitée exceptionnelle de RTL. Elle raconte ce qu'elle a vécu entre 1940 et 1945. « C'est quelque chose qui est resté si profondément en nous que nous ne pouvons pas aujourd'hui ne pas vivre à nouveau certains événements ». Elle estime que l'attentat est « un réveil, un choc ». Elle ajoute : « Nous savons qu'il y a une sorte d'antisémitisme latent chez certains qui n'a jamais disparu. » Puis son discours se fait plus politique : « Pendant longtemps, on a cru plus à un danger de l'extrême gauche que de l'extrême droite. On n'a pas vu qu'il pouvait y avoir à l'extrême droite un danger tout aussi grand et peut-être même plus grand. Il a donc fallu réorganiser beaucoup plus récemment encore une surveillance des fichiers concernant l'extrême droite. On a certainement pris du retard. »

La presse va jouer sa partition et accélérer la cadence. Chacun y va de son explication. Tous accusent. *Le Nouvel Observateur* accuse la police française d'avoir trop longtemps fermé les yeux sur les activités de l'extrême droite. L'éditorialiste de *L'Express* accuse les intellectuels de « la Nouvelle Droite » d'avoir rénové les arguments idéologiques qui faisaient défaut aux nationalistes. *Le Point* accuse « la mode rétro » d'avoir conditionné les esprits. Jacques Fauvet, le directeur du *Monde*, rédige au lendemain de l'attentat un article solennel publié à la une. Il considère que le gouvernement n'a pas vu venir « L'horreur prévisible », c'est le titre de son éditorial. « Les mouvements antiracistes, les syndicats de police, les néonazis eux-mêmes avaient prévu cette escalade », écrit Fauvet qui reproche à la hiérarchie policière un aveuglement idéologique : « La police est en retard d'un extrémisme. Depuis des mois, depuis des années, elle a pour mission essentielle de combattre l'extrême gauche, sans trop se soucier de l'extrême droite [...]. Tout à ses combats d'arrière-garde contre les mille et une variantes du marxisme, dont elle ne cesse pourtant de célébrer la mort, toute une classe intellectuelle, dominante dans les cénacles et les grands médias, en a oublié de riposter et même de prêter attention aux articles et aux œuvres qui véhiculent une doctrine fondamentalement autoritaire, élitiste et raciste », dénonce le directeur du *Monde*.

Un autre éditorialiste vedette du quotidien, Philippe Boucher, enfonce le clou et s'en prend à « l'État sans honneur » qui aurait laissé perpétrer l'attentat par complaisance complice. « Par l'attentat de la rue Copernic, c'est l'État lui-même qui est atteint, du fait même de son indulgence vis-à-vis de ceux qui menacent les libertés et n'ont pas renoncé à tuer au nom de leur délire. Jamais l'extrême droite ne serait allée jusqu'à l'assassinat si, précédemment, on avait fait montre contre elle, à temps, de la rigueur qui s'imposait. Jamais l'extrême droite n'aurait tué si elle n'avait eu de bonnes raisons d'imaginer qu'il n'était pas de limites à son action, que, de la tolérance active à la complicité passive, il n'était pas de silence qu'elle ne pouvait attendre. » Philippe Boucher n'hésite pas à mettre en cause directement le président de la République, Valéry Giscard d'Estaing : « Doit-on rappeler que l'extrême droite était accueillie jusque dans l'entourage du chef de l'État lorsqu'il était en campagne, pour assumer son service d'ordre lors des élections de 1974 ; et il y a tout lieu de penser qu'on reverra ces mêmes sbires dans les mois qui précéderont le scrutin d'avril 1981. »

Chez Philippe Boucher, cette dénonciation infondée d'une piste fasciste et nazie et ses attaques contre le chef de l'État procèdent d'une volonté très claire d'exploiter politiquement l'affaire. Responsable de la rubrique police-justice, très proche du Syndicat de la magistrature, Philippe Boucher était devenu dans les années 1980 l'un des journalistes les plus influents du quotidien de la rue des Italiens. À sa mort, en mars 2018, un article du *Monde* racontera comment Philippe Boucher avait pesé de tout son poids au sein de la direction du journal pour mener campagne contre Valéry Giscard d'Estaing et précipiter sa défaite à l'élection présidentielle, face au candidat de la gauche François Mitterrand. En 1991, Philippe Boucher a quitté *Le Monde* après avoir été écarté de l'équipe dirigeante. Il fut alors nommé conseiller d'État par le président François Mitterrand.

Dans les jours et les semaines qui ont suivi l'attentat, tout ce que Paris et la province comptent d'intellectuels, d'essayistes, de personnalités a été invité à participer à cette grande parade antinazie en livrant son analyse sur la montée des périls. D'autres, moins connus, ont écrit spontanément aux journaux dans l'espoir de voir publier leurs textes dans les pages débats ou leurs lettres dans le courrier des lecteurs. Durant le seul mois d'octobre, *Le Monde* publie près d'une trentaine de ces tribunes qui témoignent aujourd'hui du trouble des esprits et de la manipulation de l'opinion. Voici juste quelques extraits : « Nous étions quelques-uns à la redouter et à la prévoir, cette violence meurtrière », prophétise *a posteriori* l'écrivain Marek Halter qui appelle à la constitution d'un « véritable courant antifasciste » et à se préparer à livrer une « bataille contre le fascisme renaissant ».

Le père Jean Dujardin, prêtre de l'Oratoire, a envoyé le texte de l'homélie qu'il a prononcée lors de la messe du dimanche suivant l'attentat.

Il y voit la main criminelle de chrétiens et insiste sur ce point : « Il se pourrait que ceux qui ont commis ce crime aient été baptisés dans la mort et la résurrection de Jésus. Nous avons cru trop vite que l'antisémitisme, c'était un événement du passé. À nos yeux, l'histoire de l'antisémitisme était close. Nous voulions l'oublier comme un mauvais cauchemar et nous pouvions presque contempler "l'holocauste" comme un événement où s'étaient affrontés loin de nous le pauvre peuple juif et ces méchants allemands pris de folie. Aussi, il n'est pas étonnant qu'il y a à peine quelques années des jeunes aient pu dire sans inquiétude : "Hitler connaît pas". Allons-nous encore nous aveugler sur les signes des temps ? »

La productrice de cinéma Simone Harari est à l'époque une jeune énarque passée par le secrétariat général du gouvernement et le groupe Havas. Elle fait partie des fidèles de la synagogue de la rue Copernic, une synagogue libérale et bourgeoise fréquentée, dit-elle, par des juifs semblables « à ce que les Juifs berlinois étaient en 1935 » ; « et ce n'est sans doute pas par hasard », souligne-t-elle dans sa tribune publiée quatre jours après la tuerie « si cette communauté a attiré ceux qu'avec dérision on appelait jusqu'à vendredi des nazillons ». Simone Harari dénonce la « coupable complaisance » des pouvoirs publics qui aurait « favorisé un climat permissif, inséparable de l'attentat ». Elle conclut : « L'antisémitisme était passé de mode, inavouable, tabou en quelque sorte. Il est progressivement passé du chuchotement, aux graffitis, aux boutades de dîners en ville, et a coïncidé avec le retour dans l'air du temps des idées d'une certaine droite. »

Le journaliste Roger Ascot, rédacteur en chef du mensuel juif *L'Arche*, s'interroge : « Combien faudra-t-il encore de morts pour que la bête nazie soit muselée ? » L'acteur et metteur en scène Guy Suarès lui répond comme en écho : « Il est temps que les masques tombent et que le peuple de l'ombre démasque, en l'abattant, la bête immonde. » L'écrivain Tahar Ben Jelloun rappelle que de nombreux travailleurs immigrés maghrébins et africains ont déjà été assassinés en France ces dernières années et que « c'est dans ce contexte qu'il faut aussi placer l'éveil de la terreur nazie ».

Ce ne sont que quelques extraits. Le reste est à l'avenant. On pourrait continuer sur des pages entières. Pour finir, je ne résiste pas à citer un large extrait de la tribune d'un écrivain, Jean-Pierre Enard, qui se livre à un examen de conscience collectif et cherche à comprendre comment le nazisme a pu se réveiller en France :

« Nous sommes tous responsables », écrit-il. « Quand je dis nous, je n'englobe ni le gouvernement, ni la police, ni les messieurs du *Figaro-Magazine*. Ceux-là sont directement coupables, à tout le moins, complices. Par ce “nous”, j’entends nous tous qui, fondamentalement antifascistes, avons joué avec le feu et avons même pris un plaisir trouble à nous y brûler un peu. Cela a commencé avec des riens : une tendresse suspecte pour les années de guerre, les semelles compensées de la mode rétro, il n’y a pas si longtemps, les petites robes 40 achetées aux *Puces*, puis les cheveux ras et les cravates étriquées qui se trouvent aujourd’hui dans toutes les boutiques de mode. Cela a continué avec les films et romans qui réhabilitent, plus ou moins sournoisement, la collaboration. Nous y avons tous succombé. Après trente ans d’histoire officielle gaulliste, il était amusant de se plonger dans les œuvres de Rebatet, d’imaginer le destin d’un milicien et de préférer *Lili Marlène* au *Chant des partisans*. Dernière étape : des pages entières accordées aux divagations de Darquier de Pellepoix ou de Faurisson et les insignes nazis arborés par les punks. Tout cela paraîtra peut-être anodin à côté du crime de la rue Copernic. Mais nos complaisances ont contribué à créer un climat favorable aux résurgences fascistes. »

Voilà, selon Jean-Pierre Enard, pourquoi une bombe a fini par exploser devant la synagogue de la rue Copernic. Son approche peut paraître intéressante… L’homme de lettres cherche à capter les petites choses de l’air du temps annonciatrices de l’événement. Pourquoi pas ? Au fait, qui est cet écrivain mort, quelques années plus tard, en 1987, à l'âge de 43 ans ? De quels livres ou travaux par lui rédigés, de quelles lectures ou études approfondies se réclamait-il pour asseoir une telle analyse ? En un mot, quelle était sa légitimité pour se livrer à un tel réquisitoire de culpabilité collective à l'adresse de toute la société française ? Était-il historien, sociologue réputé, intellectuel faisant autorité ? Cet « anarchiste libre penseur », comme il aimait à se définir, a laissé une dizaine de romans et nouvelles, légers et agréables à lire, qui lui ont valu un succès d'estime auprès d'un petit cercle de lecteurs. Pour le reste, c'est-à-dire le principal car il faut bien vivre, il était journaliste. Jean-Pierre Enard a fait l'essentiel de sa carrière dans la presse enfantine. Il a été rédacteur au *Journal de Mickey*, avant de passer à *Pif* où il s'ingéniait chaque semaine à mettre au point les fameux gadgets qui ont assuré la notoriété du journal auprès de plus d'une génération d'enfants et de leurs parents. Il a ensuite été directeur de collection à la célèbre Bibliothèque Rose de la maison Hachette, qui publie de charmantes histoires pour les lecteurs de 6 à 8 ans. Tout cela est fort respectable et sympathique. Mais lorsque, quarante ans après, on tombe sur la tribune du sieur Enard, on se demande tout de même selon quels critères *Le Monde* l'avait retenue avec d'autres pour éclairer ses lecteurs sur l'imminence d'un péril nazi en France. Jean-Pierre Enard – comme les autres – faisait fausse route.

Pressions politiques pour orienter l'enquête

Toutes ces analyses, ces appels héroïques et ces indignations qui ne reposaient sur aucun élément tangible et sérieux ont été démentis par les faits. Mais dans ce climat d'aveuglement collectif, qui était prêt à reconsidérer son opinion ? On le sait aujourd'hui, dès les premiers jours de l'enquête, la police et les services de renseignements français avaient privilégié la piste moyen-orientale. Dans un ouvrage récent, *Sept pas vers l'enfer. Séparatisme islamiste : les désarrois d'un officier de renseignement* (2022 – Flammarion), Alain Chouet qui occupa durant trente années des postes de responsabilité au sein de la DGSE, les services secrets français, livre ce souvenir : « Dès le mois de novembre 1980, les services de renseignements français en coopération avec leurs homologues allemands ont relevé des éléments significatifs et concordants impliquant dans l'attaque cinq militants palestiniens venus de Beyrouth avant d'y retourner aussitôt. Ces éléments furent considérés comme irrecevables par les élites parisiennes, pour qui un attentat antisémite en France ne pouvait avoir été commis que par des militants d'extrême droite ou néonazis et en aucun cas par d'aimables résistants palestiniens pour lesquels la gauche caviar avait alors les yeux de Chimène. »

L'ancien directeur de la Police nationale Jean-Pierre Pochon a également été témoin de la volonté du pouvoir politique d'entretenir la fiction d'un attentat commis par des nazis. En 1980, il était jeune commissaire et dirigeait une section des Renseignements généraux spécialisée dans la lutte contre le terrorisme d'extrême gauche et moyen-oriental. Dans son livre *Les Stores rouges* (2008 – Éditions des Équateur), il raconte les pressions exercées sur son service visant à démentir les premiers éléments de l'enquête : « Du côté de la Direction de la surveillance du territoire (DST), la thèse de l'extrême droite n'est guère considérée comme crédible, car on penche déjà pour un acte de terrorisme palestinien. [...] Mais au sein des Renseignements généraux, les "révélations" les plus nombreuses et les plus détaillées nous orientent encore et toujours vers l'extrême droite. [...] La plupart du temps, les renseignements sur l'extrême droite proviennent des milieux journalistiques de la gauche ou de l'extrême gauche. La thèse de l'extrême droite n'est plus retenue par les services de polices en charge de l'enquête. Mais, de notre côté, nous sommes contraints de poursuivre et d'exploiter toutes les informations que nous continuons à recevoir et qui toutes désignent l'extrême droite comme responsable de l'attentat ».

Cette volonté d'orienter l'enquête s'est accentuée après la victoire de François Mitterrand, en mai 1981. Quelques semaines après l'élection du premier président socialiste de la Ve République, le nouveau directeur des Renseignements Généraux, Paul Roux, réunit le service de Jean-Pierre Pochon et annonce aux policiers que leur mission prioritaire sera désormais de « lutter contre l'extrême droite et l'antisémitisme ». Paul Roux ajoute : « je vous engage à mettre en œuvre dans les meilleurs délais ces nouvelles orientations ». Jean-Pierre Pochon se souvient que l'annonce de ces directives, autour d'une coupe de champagne et de petits fours, a fait l'effet d'une « douche écossaise » au sein du service. « Le silence est total. Je prends conscience ce soir-là que la politique vient de faire une entrée officielle et fracassante dans le service », écrit-il. À partir de ce moment, il est secondé par des adjoints qui lui sont imposés et qui s'appliquent à faire respecter la nouvelle ligne édictée par la hiérarchie. Les récalcitrants sont immédiatement signalés, suspectés de connivences avec les fascistes et sanctionnés. La suspicion est désormais la règle dans le service. L'ex-policier poursuit son récit : « Il s'agit de s'assurer que tous les moyens sont mis en œuvre sur le seul et véritable danger officiel : l'extrême droite. Les renseignements que nous recevons sur des menaces d'attentats de l'extrême droite néonazie proviennent très souvent de proches du nouveau pouvoir. L'atmosphère est si lourde politiquement que même les informations les plus invraisemblables et farfelues sont exploitées à fond, de crainte de se voir accuser de laxisme envers les mouvements d'extrême droite. Désormais, la section entière parcourt la France et multiplie ses enquêtes sur la mouvance néonazie sans mettre en évidence le moindre préparatif d'attentat et encore moins de complot. »

C'est dans ce climat empoisonné que l'enquête sur l'attentat de la rue Copernic va débuter. Une poignée de policiers et de magistrats ne lâcheront pourtant pas l'affaire. Après avoir définitivement éliminé la fausse piste nazie, leurs investigations permettront de retrouver la trace des membres présumés du commando et de leurs commanditaires.

Chapitre 4
L'enquête démarre

L'enquête a débuté dès le soir de l'attentat. Il s'en est suivi un travail de fourmi, puis de longues années de recherches avant d'identifier les membres du commando et retrouver l'homme qui fait aujourd'hui figure de suspect numéro un. Sitôt arrivés sur les lieux, après avoir sécurisé la scène de crime, les enquêteurs ont minutieusement recueilli le moindre indice. Au milieu des débris de verre et de gravats qui jonchaient la rue dévastée, ils se sont intéressés à la carcasse d'une moto carbonisée, couchée sur le trottoir à quelques mètres de l'entrée de la synagogue. Sur le cadre fondu et noirci du deux-roues, les enquêteurs sont parvenus à déchiffrer un numéro de série d'une quinzaine de chiffres. L'analyse minutieuse des débris a permis d'établir qu'il s'agissait d'un modèle Suzuki 125 cm^3 et que la charge explosive, évaluée à dix kilos de penthrite, avait été placée à l'arrière, peut-être dans une sacoche ou fixée sur le porte-bagage avec un tendeur de type sandow. Les limiers du laboratoire de la police ont également réussi à reconstituer le numéro du bloc-moteur et du système d'allumage.

Forts de ces éléments, les policiers retrouvent le vendeur de l'engin. La moto a été achetée quelques jours auparavant dans un magasin du quartier des Champs-Élysées, *Moto Shopping Étoile*, situé juste derrière l'Arc de Triomphe, au 38 avenue de la Grande-Armée. Sur place, le dirigeant de la société confirme aux enquêteurs avoir vendu le 23 septembre cette Suzuki d'occasion à un touriste chypriote nommé Alexander Panadriyu. Ainsi qu'en atteste la facture, ce touriste a réglé en liquide avec une liasse de 10 billets de 100 dollars. Avant de repartir avec la moto, Alexander Panadriyu a indiqué son adresse parisienne afin de pouvoir établir une immatriculation provisoire : *Hôtel Celtic*, 6 rue Balzac, dans le 8e arrondissement. Il s'agit d'un hôtel de tourisme de bon standing, qui existe encore aujourd'hui, à l'angle de deux petites rues calmes, en haut des Champs-Élysées.

Les enquêteurs se rendent immédiatement sur place. Alexander Panadriyu n'a passé qu'une nuit au *Celtic*, celle du 22 au 23 septembre. Il a occupé la chambre 110. Il a rempli à la main sa fiche d'hôtel en indiquant son identité, sa ville de naissance, sa profession et sa nationalité : « Panadriyu, Alexander,

Larnaca, Technician, Cyprus ». Les policiers saisissent cette fiche cartonnée sur laquelle aucune empreinte digitale exploitable ne sera retrouvée. À l'époque, les techniques de recherches d'ADN n'existent pas. Restent les quatre mentions manuscrites qui feront l'objet d'expertises poussées et qui, ultérieurement, constitueront l'un des éléments importants du dossier.

Grâce aux témoignages des employés du magasin de moto et du personnel de l'hôtel, un premier portrait-robot du suspect est ébauché. Il sera affiné au cours de l'enquête. Au total, treize personnes ont croisé le mystérieux touriste chypriote lors de son séjour à Paris. Parmi ces témoins, il y a une prostituée occasionnelle, Angela Calabri, qui proposait ses services dans le salon du bar de l'*Hôtel Celtic.* C'est l'un des veilleurs de nuit de l'hôtel – forcément au courant des activités nocturnes de l'établissement – qui, une dizaine de jours après l'attentat, a informé la jeune femme qu'elle avait « couché avec un terroriste recherché par la police ». Angela Calabri se manifeste alors auprès des policiers de la direction centrale des Renseignements généraux, spécialistes de la collecte d'informations dans les milieux de la prostitution. Ces derniers conduisent Angela Calabri auprès de leurs collègues de la brigade criminelle. Le 30 octobre, elle est interrogée par les enquêteurs. Elle raconte qu'elle a suivi ce client dans sa chambre, portant le numéro 110. Elle le décrit comme un homme d'une trentaine d'années, teint mat et les cheveux noirs. Il lui a dit qu'il était Grec, mais la prostituée confie aux policiers qu'elle a eu le sentiment d'avoir eu affaire à un Arabe. Elle a remarqué son accent, même si elle a eu du mal à le définir. Elle a surtout noté qu'il était circoncis, ce qui lui a fait plus songer à un musulman qu'à un Grec orthodoxe.

En quelques jours, les enquêteurs vont reconstituer une partie de l'emploi du temps parisien de l'acquéreur de la moto piégée. Pour un professionnel de la clandestinité, l'homme a commis quelques erreurs. Les hommes de la brigade criminelle interrogent les fichiers de la préfecture de police. Ils découvrent qu'Alexander Panadriyu a été impliqué dans un incident quelques jours avant l'attentat. Dans la journée du 27 septembre, il s'est fait repérer par un vigile du supermarché *Inno*, dans le quartier Montparnasse, après avoir tenté de sortir du magasin sans régler l'achat d'une pince coupante. Le client indélicat a même tenté de s'enfuir et le vigile a été contraint de se battre avec lui avant de le maîtriser. L'interpellation a été suffisamment musclée pour provoquer le bris d'une vitre d'un rayon. Le surveillant a été légèrement blessé lors de l'interpellation. Il s'appelle Philippe Gruselle. Son nom réapparaîtra dans la procédure de manière déterminante.

Après l'empoignade, la police appelée sur place a embarqué le voleur au commissariat du quartier, en compagnie du vigile. Face aux fonctionnaires, Alexander Panadriyu reconnaît le vol de la pince coupante, formule des excuses pour la « bousculade », se déclare prêt à payer le montant de son larcin et à rembourser la vitre brisée. Il se présente comme un touriste chypriote, parle un peu le français – quand ça l'arrange – mais prétend ne pas comprendre toutes les questions qu'on lui pose. Il fournit quelques explications confuses. Lorsqu'on lui demande pour quelle raison il a tenté de sortir sans payer, il explique qu'il n'avait que des dollars sur lui et qu'il ne savait pas comment régler.

En raison du faible montant du vol, Alexander Panadriyu va être relâché à l'issue de son interrogatoire. Les policiers du commissariat ont sans doute plus urgent à traiter que les frasques de ce vacancier qui ignore comment on paye ses achats dans un grand magasin parisien. Les policiers ne jugent même pas nécessaire de procéder à une prise des empreintes digitales de l'individu ou à réaliser sa photo d'identité. Interrogés par les enquêteurs, quelques jours plus tard, les policiers du commissariat ne peuvent décrire l'individu que de manière succincte et fournir quelques détails sur son comportement. Durant son interrogatoire, Panadriyu avait une attitude un peu arrogante tout en manifestant une certaine inquiétude sur la longueur du séjour qu'il pourrait être amené à faire en prison. À plusieurs reprises, il a questionné sur ce point le policier qui l'interrogeait. Ce dernier s'est montré rassurant en lui faisant comprendre que l'affaire n'irait probablement pas très loin.

Pour le reste, les policiers du commissariat ne se sont pas posé trop de questions. L'un d'entre eux a confié aux enquêteurs qu'il avait quand même « trouvé bizarre » que ce touriste chypriote soit porteur d'une carte grise française de motocyclette achetée quatre jours plus tôt mais qu'il n'avait pas poussé plus loin les investigations. Alexander Panadriyu a aussi indiqué qu'il séjournait à l'*Hôtel Commerçante*, rue des Deux-Boules, dans le 1er arrondissement de Paris. Là non plus, aucune vérification n'a été effectuée. Y a-t-il eu négligence de la part des fonctionnaires de police ? Se sont-ils trop facilement contentés de gérer cette affaire avec une routine toute administrative ? Auraient-ils dû être plus méfiants ? Après coup, il est facile de gloser sur le ratage des policiers ayant interpellé le poseur présumé de la bombe, huit jours avant l'attentat. Compte tenu de ce que l'enquête révélera par la suite, il est fort probable que l'acquisition de la pince coupante a été effectuée en vue de la fabrication de l'engin explosif. Mais il faut se replacer dans l'atmosphère de ce tranquille début d'automne 1980. À l'époque, le terrorisme n'est pas vraiment une question d'actualité. Qui aurait pu imaginer que ce voleur d'un article de quincaillerie à trois francs six sous allait, la semaine suivante, perpétrer un attentat dévastateur au cœur de Paris ? Il y a quarante ans, l'informatisation des commissariats de quartier n'était encore qu'à l'état de projet balbutiant. La police travaillait à l'ancienne, les procès-verbaux étaient tapés à la machine, les doubles établis avec du papier carbone. Les passeports n'étaient pas numérisés (les informations y figurant étaient écrites à la main) et les vérifications d'identités n'étaient pas aussi rapides et infaillibles qu'aujourd'hui.

Les fonctionnaires du commissariat du 14e arrondissement de Paris ont tout de même recueilli quelques éléments précis qui vont permettre de faire avancer l'enquête. Ils ont noté toutes les références du passeport chypriote que le touriste leur a présenté. Alexander Panadriyu serait âgé de 24 ans, né à Larnaca le 21 septembre 1956, son passeport numéro A308139 a été délivré à Chypre le 20 mai 1980. Lors de son interrogatoire, le jeune homme a déclaré être arrivé en France le 15 septembre par l'aéroport de Lyon-Satolas. Les policiers relèvent effectivement sur son passeport un tampon d'entrée sur le territoire français apposé à cette date par la police lyonnaise. Ils font figurer cette précision sur leur procès-verbal. Tous ces détails auront leur importance lorsque des années plus tard l'enquête connaîtra de nouveaux développements.

Les hommes de la brigade criminelle se saisissent de ces informations afin de tenter de retrouver la trace d'Alexander Panadriyu. Très rapidement, ils arrivent à la conclusion que l'homme qui a acheté la moto est un clandestin usant de documents falsifiés. La police de l'air et des frontières épluche les listes d'arrivés des aéroports de Lyon-Satolas et de Bron ainsi que de la gare ferroviaire de Lyon-Perrache. Trente-six mille fiches de débarquement du mois de septembre 1980 sont examinées à la loupe. Aucun Chypriote répondant au nom d'Alexander Panadriyu n'est jamais passé par ces postes frontières. Le visa d'entrée figurant sur le passeport s'avère également être un faux : la mention « Police nationale – Lyon » du tampon encreur, relevée sur le procès-verbal par les policiers du commissariat, ne correspond à aucun modèle en vigueur. Lorsqu'un étranger arrive en France par la région lyonnaise, le visa est à l'entête de la « préfecture du Rhône ». Et surtout, le passeport est faux. Contactées *via* Interpol, les autorités chypriotes font savoir que le numéro correspond à un lot de passeports vierges volés et qu'il n'existe aucun citoyen chypriote s'appelant Alexander Panadriyu.

Six jours après l'attentat, un nouvel élément vient conforter l'enquête. Le 9 octobre 1980, la brigade criminelle est informée qu'un loueur de voitures du

14e arrondissement de Paris a porté plainte pour non-restitution d'un véhicule. Il s'agit d'un délit mineur mais quelques détails attirent l'attention des policiers. Le client a présenté un passeport chypriote, au nom de Joseph Mathias. Lorsque le loueur lui a suggéré de payer la facture avec une carte de crédit, il a préféré régler en espèces. Il a loué la voiture le 25 septembre et devait la rapporter le 4 octobre, des dates qui correspondent à la présence supposée du poseur de bombe à Paris et qui incluent le jour de l'attentat. Le loueur est longuement interrogé. Le client était un homme âgé d'environ 25 ans, il mesurait à peu près un mètre soixante-dix, portait de fines moustaches et des cheveux courts et bruns. Il avait le type méditerranéen et s'exprimait avec un fort accent étranger. Sur les indications du loueur et de ses salariés, un nouveau portrait-robot de ce client défaillant est effectué. Il présente de très nombreuses similitudes avec l'acheteur de la moto de l'*Hôtel Celtic*.

Via Interpol, les autorités chypriotes sont à nouveau sollicitées. Leur réponse ne se fait pas attendre : le passeport au nom de Joseph Mathias est également un faux. L'adresse à Nicosie qui y figure n'existe pas. Le permis de conduire inscrit au contrat de location est aussi un document falsifié. Le 12 octobre, le véhicule – une Citroën GS vert citron – est découvert abandonné dans un parking souterrain de l'avenue Foch, à Paris. Deux empreintes digitales sont identifiées sur les vitres latérales (leur exploitation ne donnera aucun résultat concret). Un ticket de caisse du *BHV* à Paris, d'un montant de 16 francs et daté du 25 septembre est découvert sous le tapis de sol, à l'arrière de la voiture. L'enquête établit qu'il correspond à l'achat au rayon motocyclettes d'un tendeur de type sandow. Probablement celui qui a servi à fixer la bombe à l'arrière de la moto Suzuki. Les témoignages des employés du parking semblent indiquer que la Citroën GS aurait été abandonnée dans le parking au plus tard le vendredi 3 octobre, le jour de l'attentat. Dans le cendrier, les policiers retrouvent une dizaine de mégots de cigarettes de marque Marlboro. Ils ne portent aucune trace d'empreinte digitale exploitable. Les limiers de la police scientifique ne jugent pas nécessaire de conserver ces mégots dans les scellés. Qui aurait pu prévoir que, quelques années plus tard, la mise au point des techniques d'exploitation des traces d'ADN serait susceptible de fournir de précieuses indications ?

Voilà comment, dès les premières semaines qui ont suivi l'attentat, les enquêteurs abandonnent la thèse d'une action commise par des néonazis français. Ils acquièrent la certitude que la bombe a été déposée par des terroristes aguerris venus de l'étranger.

Très vite, la piste moyen-orientale va se confirmer. Dès le mois de décembre 1980, la Direction de la surveillance du territoire (DST), l'un des services de renseignement français, reçoit des informations confidentielles en provenance de plusieurs services secrets étrangers, dont le BKA allemand. Ces renseignements confirment l'enquête menée en France. L'attentat de la rue Copernic serait l'œuvre d'un commando du Front populaire de libération de la Palestine – Opérations spéciales (FPLP-OS) un groupe terroriste de la nébuleuse palestinienne, basé au Liban. Le FPLP-OS, qui dispose de « bureaux » à Beyrouth, mais aussi en Irak, en Algérie, au Koweït et à Chypre, est considéré comme extrêmement dangereux. Il a basé sa stratégie sur l'attaque de cibles juives en Europe, considérées comme alliées et complices d'Israël. Deux membres de l'organisation seraient venus à Paris pour perpétrer l'attentat dont l'artificier qui a fabriqué la bombe et acheté la moto. Selon les informations du BKA allemand, cet homme serait un Libanais répondant au prénom de Hassan et « bien connu à Beyrouth ». Son complice serait un Palestinien disposant d'un passeport jordanien s'appelant Abdallah. Ce dernier aurait effectué, dans la période précédant l'attentat, un séjour de trois ou quatre mois à Chypre. Les deux hommes seraient venus en France avec des faux passeports et auraient quitté le territoire français à destination de Beyrouth dès le lendemain de l'attentat.

À l'aube des années 1980, il n'y a aucune chance de retrouver et encore moins d'interpeller les auteurs de l'attentat dès lors qu'ils ont réussi à quitter la France. L'espace Schengen n'existe pas encore et la coopération des polices européennes en matière de terrorisme est loin d'être parfaite. Pour regagner le Liban, les terroristes ont multiplié les escales en changeant de passeport et d'identité entre deux avions, pour mieux brouiller les pistes. Une fois revenus chez eux, ils ont pu compter sur l'inaction et la complaisance des autorités libanaises comme de celles d'autres pays arabes. À cette époque, les groupes terroristes palestiniens bénéficiaient d'une grande liberté d'action dans nombre de pays du Moyen-Orient et du Maghreb qui leur offraient volontiers aide et assistance. En ce qui concerne le Liban, le pays était déchiré depuis 1975 par une guerre civile entre chrétiens et musulmans qui s'est prolongée jusqu'en 1990. Il était inconcevable que des policiers français aillent enquêter au pays du Cèdre dans le cadre d'une commission rogatoire internationale.

Voilà pourquoi cette première partie de l'enquête sur l'attentat de la rue Copernic est restée en l'état pendant près de vingt ans. Le dossier n'a cependant jamais été refermé. Près de trois décennies plus tard, l'enquête va connaître une avancée décisive grâce à l'opiniâtreté de quelques juges antiterroristes ayant décidé de ne pas jeter l'affaire aux oubliettes.

Chapitre 5
Sur la piste de Hassan Diab

Pendant près de dix-sept ans, l'enquête va demeurer au point mort. Mais le dossier ne sera jamais refermé. Plusieurs services de police vont continuer leur travail dans l'espoir d'identifier et – qui sait ? – de mettre la main sur les auteurs de l'attentat. Ces efforts vont finir par payer.

Au printemps 1999, la DST, c'est ainsi que s'appelait à l'époque le contre-espionnage français, reçoit de nouvelles informations qui vont relancer les recherches. D'où la DST tient-elle ces renseignements dont les sources sont anonymes ? La DST est l'une des principales branches des services secrets qui par définition travaillent de manière confidentielle. Ce que l'on sait, c'est que le temps a joué en faveur des enquêteurs. Depuis 1980, les bouleversements internationaux ont changé la donne. L'URSS s'est effondrée et les pays d'Europe de l'Est qui faisaient partie du bloc soviétique ont réintégré le camp des démocraties occidentales. L'Allemagne a été réunifiée. Les dossiers de la Stasi, la redoutable police secrète est-allemande, sont désormais accessibles. Les informations des services de renseignement des anciens pays communistes, qui pendant des décennies avaient des contacts étroits avec la nébuleuse des organisations palestiniennes, sont communiquées aux policiers et magistrats français. Le temps a passé, aussi, pour les membres des groupes terroristes. Ils ont vieilli. Beaucoup se sont lassés des existences trépidantes et clandestines qu'ils avaient choisies lorsqu'ils avaient 20 ans. Parfois, le vent a tourné dans les pays où ils avaient cru pouvoir trouver refuge et refaire leur vie. Certains ont été arrêtés par les polices arabes qui coopèrent avec les justices occidentales. Ils sont devenus ce qu'on appelle des « repentis » et sont passés aux aveux en échange d'une relative clémence de leurs interrogateurs.

C'est dans ces circonstances qu'un rapport de la DST arrive au printemps 1999 sur le bureau du juge antiterroriste Jean-Louis Bruguière. Ce rapport est intitulé « Transmission d'informations récemment recueillies sur l'attentat perpétré le 3 octobre 1980 contre la synagogue de la rue Copernic à Paris 16e ». Le style des policiers de la DST est administratif. Les informations, elles, sont précises, nouvelles, tout en confortant les premiers éléments de l'enquête collectés en 1980. Le rapport confirme tout d'abord que l'attentat a été commis par le groupe palestinien FPLP-OS, une organisation plus ou moins dissidente de l'organisation FPLP du tristement célèbre Georges Habache. Le FPLP-OS a été fondé en 1975 par Wadi Haddad, puis à la mort de ce dernier, dirigé par un certain Salim Abou Salem qualifié de « très dangereux ». Partisan de l'emploi massif du terrorisme au niveau international, Salim Abou Salem prônait, selon le rapport de la DST, la lutte armée contre « l'impérialisme et plus particulièrement contre les intérêts américains et juifs dans le monde ».

Selon le rapport de la DST, les préparatifs et l'exécution de l'attentat de la rue Copernic se seraient déroulés de la façon suivante : au total, une dizaine de personnes auraient participé à l'opération. Quelques mois avant l'attentat, un membre du FPLP-OS se serait rendu à Paris et aurait pris des photos de la synagogue et des alentours. Au mois d'août 1980, une deuxième équipe aurait effectué un repérage plus approfondi des lieux. Elle aurait relevé toutes les informations pratiques concernant le bâtiment de la synagogue, ses horaires, son taux de fréquentation, les dispositifs de sécurité (inexistants à l'époque), la fréquence de passage d'éventuelles patrouilles de police. Afin de mieux brouiller les pistes, il aurait été décidé de faire arriver par le train, depuis Madrid, le commando chargé de faire exploser la bombe. Un premier voyage test Madrid-Paris aurait été ainsi effectué par une équipe chargée de déterminer la fiabilité des faux passeports lors du trajet, le nombre et la qualité des contrôles durant le voyage en train et lors des passages aux postes frontières.

Fin septembre, les chefs du FPLP-OS donnent l'ordre de passer à l'action. Deux hommes, venus de Beyrouth par un vol commercial se posent à Madrid. Ce sont eux qui vont commettre l'attentat. Les deux terroristes ont quitté Beyrouth sous leur vraie identité, l'un avec son passeport libanais, l'autre avec son passeport jordanien. À Madrid, ils sont accueillis par l'un de ceux qui avaient effectué les repérages rue Copernic au mois d'août. Ce dernier récupère leurs passeports qu'il va conserver en Espagne durant leur funeste mission en France et leur en remet de nouveaux qui leur permettront de circuler sous une fausse identité. Dans son rapport, la DST souligne que « l'utilisation de vrais documents pour entrer et sortir d'un pays frontalier ou proche de celui où l'attentat sera perpétré, avec ensuite remise de faux documents pour circuler dans le pays où l'opération sera réalisée, était la méthode habituelle des organisations terroristes du Moyen-Orient ». Tous ces détails opérationnels auront leur importance pour la suite de l'enquête.

Selon les informations recueillies par les enquêteurs de la DST, celui qui a reçu le passeport au nom d'Alexander Panadriyu s'appellerait en réalité Hassan Diab. Il s'agirait d'un « ressortissant libanais connu dans les années 1980 comme membre du FPLP-OS ». Inscrit à l'université de Beyrouth, il y aurait obtenu en 1982 une licence de psychologie (sur ce point, le renseignement est inexact. Hassan Diab a passé en réalité une licence de sociologie). Le rapport confirme que Hassan Diab serait bien l'artificier qui a confectionné et déposé la bombe devant la synagogue. Autre information capitale : Hassan Diab serait également l'auteur de l'attentat à la bombe perpétré à Anvers, en Belgique. Un an après l'attentat de la rue Copernic, le 20 octobre 1981, une voiture piégée avait explosé devant l'une des synagogues de la ville. Trois personnes avaient été tuées et soixante blessées.

Une dizaine de suspects sont identifiés dans le document de la DST. Marwan Al K. et Saïda el A. qui, déguisés en couple de touristes, auraient effectué un premier repérage des lieux. Abdallah S. et May A. qui se seraient à nouveau rendus rue Copernic au mois d'août 1980 pour parachever les préparatifs de l'attentat et déterminer l'endroit le plus adéquat pour déposer la bombe. Quelques semaines plus tard Abdallah S. et May A. auraient convoyé l'explosif et le détonateur avant de les remettre au poseur de la bombe. Il y a aussi Souhaïr H. qui « ferait partie du cercle dirigeant du FPLP-OS », Taer Y., Sherif H., Sanaa S., Salim A., Mohamed S… Tous ces suspects sont à l'époque parfaitement connus de la DST. Dans un commentaire accompagnant son rapport, le service français souligne : « Les renseignements fournis paraissent vraisemblables dans la mesure où tous les noms cités étaient déjà connus de notre service comme étant des membres certains du FPLP-OS affectés dans des cellules chargées de préparer et commettre des attentats. »

Dès qu'il reçoit ces informations, le juge d'instruction Jean-Louis Bruguière, alors patron de la section antiterroriste du tribunal de Paris, requiert que l'on poursuive les investigations. Dans une commission rogatoire du 22 avril 1999, il demande aux enquêteurs de tenter de localiser tous ceux qui ont participé à un titre ou à un autre à l'attentat et dont les noms apparaissent dans le rapport de la DST. Ces recherches vont s'avérer largement infructueuses. La plupart des pays arabes – Irak, Sud-Yémen, Algérie, Liban… – où les enquêteurs pensent pouvoir trouver les suspects refusent toute coopération judiciaire.

L'ex-Yougoslavie, où les groupes palestiniens disposaient de camps d'entraînement sous le régime communiste, fait savoir que ses archives ont été détruites pendant la guerre civile qui a déchiré le pays dans les années 1990. D'autres États traînent les pieds ou indiquent ne pas être en mesure de retrouver les renseignements administratifs, très anciens, réclamés par les magistrats parisiens.

Cette quête ingrate va cependant donner des résultats concernant l'un des suspects : Hassan Diab. Les systèmes judiciaires des pays occidentaux par lesquels il est passé se montrent volontiers plus coopératifs. Les investigations vont se concentrer sur cet ancien étudiant libanais dont les enquêteurs retrouvent la trace et parviennent à reconstituer une partie de l'itinéraire : Hassan Naïm Diab est né en 1953 à Beyrouth. En 1987, il aurait quitté le Liban pour les États-Unis où il a entamé une nouvelle vie. Les policiers français se tournent vers leurs homologues américains afin qu'ils les aident à vérifier ces informations et à localiser le suspect. La réponse leur parvient sans tarder. Le 22 octobre 1999, le bureau Interpol de Washington informe la brigade criminelle qu'un certain Hassan Diab, né le 20 novembre 1953 à Beyrouth a séjourné jusqu'en 1989 aux États-Unis. Il a ensuite émigré au Canada où il a obtenu sa naturalisation en 1995. Quelques semaines plus tard, le 2 décembre 1999, les autorités canadiennes confirment que Hassan Diab est bien citoyen du pays. Il vit à Toronto et exerce la respectable profession de professeur de sociologie à l'université d'Ottawa.

Pourtant, à partir de cet hiver 1999, le dossier va subitement se figer. Durant de longues années, l'enquête n'ira pas plus loin. Comment expliquer une telle incurie ? Dans leur livre *L'Affaire Copernic. Les secrets d'un attentat antisémite* (Fayard), publié en 2009, les journalistes Jean Chichizola et Hervé Deguine formulent quelques hypothèses : l'ancienneté des faits, le caractère non prioritaire d'un vieux dossier alors que d'autres périls menacent la société française, le manque de moyens chronique de la police et de la justice… tout cela n'a pas favorisé la poursuite des investigations. En 1999, le terrorisme palestinien n'est plus d'actualité. Les Israéliens, eux-mêmes, qui ont signé les accords d'Oslo quelques années plus tôt, ont entamé un fragile dialogue avec leurs irréductibles ennemis d'antan. Vu de France, la priorité est désormais la lutte contre le terrorisme islamique généré par la guerre civile algérienne. Les auteurs de l'ouvrage se refusent néanmoins à incriminer les acteurs judiciaires et policiers en charge du dossier. Selon les deux journalistes, c'est bien une absence de volonté politique qui explique cette impéritie. Au sommet de l'État, les attentats commis par les groupes palestiniens ont toujours été considérés comme une question à traiter avec précaution.

Chapitre 6
Une fiche d'hôtel et un portrait-robot

Lorsqu'en 2007 le juge Marc Trévidic arrive au pôle antiterroriste, il passe en revue les vieux dossiers non résolus. Une affaire, en particulier, attire son attention : celle de l'attentat de la rue Copernic. Les faits ne sont pas encore prescrits, un suspect a été identifié, localisé quelque part sur le continent américain… Pourquoi l'enquête semble-t-elle à l'arrêt depuis huit ans ? Pourquoi les recherches n'ont-elles pas été poussées plus avant ? Le jeune juge d'instruction ne reçoit que des réponses évasives de ses collègues. Les mieux disposés confient leur sentiment que de sérieuses embûches subsistent sur le chemin d'une enquête aux résultats fort incertains. Les indices ne sont pas si nombreux et s'étiolent au fil du temps. Beaucoup de scellés du dossier Copernic ont d'ailleurs été détruits. Les faits remontent déjà à plus d'un quart de siècle.

Malgré ces réticences, le juge Marc Trévidic estime qu'une relance des investigations demeure possible. Il a gardé un bon carnet d'adresses de son passage, quelques années auparavant, à la section antiterroriste du parquet de Paris. Il a notamment travaillé avec les Américains dans le cadre de la lutte internationale contre Al Qaeda. Le juge parisien appelle un contact personnel au siège du FBI, à Washington. Il lui communique l'état civil de Hassan Diab et lui demande de l'aider à trouver le maximum d'informations sur les activités de ce citoyen libanais lors de son passage aux États-Unis. Les Américains prennent le cas au sérieux. Ils reconstituent l'itinéraire de Hassan Diab aux États-Unis, retrouvent sa trace à l'université de Syracuse, dans l'État de New York, où il a étudié et enseigné quelque temps. Le FBI transmet au juge Trévidic les originaux des dossiers d'inscription universitaire de Hassan Diab. Les formulaires ont été remplis à la main par l'ex-étudiant libanais pour intégrer l'université de Syracuse. Le magistrat ordonne alors une expertise graphologique. Il s'agit de comparer l'écriture de Hassan Diab avec celle du mystérieux Alexander Panadriyu, porteur d'un faux passeport chypriote, qui a rédigé une fiche d'enregistrement lors de son arrivée à l'*Hôtel Celtic*, près des Champs-Élysées, quelques jours avant l'attentat. Interrogé en octobre 1980, le personnel de la réception de l'hôtel a confirmé que le mystérieux voyageur avait lui-même rempli le formulaire. Ce document fait partie des rares scellés qui ont été conservés dans le dossier. Les cinq mentions manuscrites figurant sur l'imprimé – « Panadriyu, Alexander, Larnaca, Technician, Cyprus » – sont succinctes. Le juge Trévidic estime que la comparaison des écritures peut éclairer l'enquête.

Afin de s'entourer du maximum de précautions, le magistrat a nommé deux experts réputés, inscrits sur la liste d'une cour d'appel à l'issue d'une procédure de sélection très exigeante. Il leur a été demandé de réaliser chacun leur propre expertise, sans se concerter, avant de livrer leurs conclusions à la justice.

Le premier expert, inscrit sur la liste de la cour d'appel de Versailles, a conclu que les cinq mentions manuscrites figurant sur la fiche d'hôtel « sont parfaitement compatibles avec les écrits de monsieur Hassan Diab » et que « ce dernier peut donc tout à fait les avoir rédigées ». Le graphologue demeure prudent. Il souligne qu'il ne dispose que d'un nombre très restreint d'éléments à expertiser et que les cinq mots qui constituent l'échantillon ont été rédigés en capitales d'imprimerie « avec des formes relativement banales ». En conclusion, il se limite à évoquer une « hypothèse probable » tout en précisant qu'il « ne peut affirmer que Hassan Diab soit l'auteur de ces mentions manuscrites ». Le second expert, inscrit sur la liste de la cour d'appel de Paris, va dans le même sens et ses conclusions sont encore plus définitives.

« J'ai trouvé de nombreuses concordances qui me permettent de dire que monsieur Hassan Diab est l'auteur du document », affirme-t-il.

Le juge Marc Trévidic entretient également des contacts avec de hauts magistrats à Beyrouth. Obtenir la coopération de la justice libanaise n'est en revanche pas aussi aisé qu'avec les Américains. Le Liban est officiellement en guerre contre Israël. Les attentats commis en Europe par des groupes palestiniens sont le cadet des soucis des juges libanais. Il existe cependant quelques magistrats intègres, prêts à apporter leur concours, dans la mesure de leurs moyens. C'est dans ces conditions que des autorités libanaises acceptent de communiquer un ancien dossier universitaire de Hassan Diab. Les enquêteurs français y trouvent une photo d'identité du jeune étudiant en sociologie datant de 1980. La ressemblance avec le portrait-robot du suspect établi à la même époque est saisissante. Même coupe de cheveux, même fine moustache, mêmes lunettes.

Ce portrait avait été reconstitué grâce aux témoignages de toutes les personnes ayant croisé à Paris l'homme porteur du faux passeport chypriote au nom d'Alexander Panadriyu. Les vendeurs de la moto, le personnel de réception de l'*Hôtel Celtic* où il a séjourné. La prostituée qui lui a monnayé ses charmes, le vigile du supermarché qui l'a interpellé lors du vol de la pince coupante, avec qui il s'est battu et qui l'a accompagné au commissariat, le loueur de la voiture utilisée par le commando.

Pendant de longues années, ce visage d'un homme aux cheveux longs, au regard fixe et impersonnel, est demeuré comme une énigme. Ce croquis en noir et blanc ne constituait dans le dossier qu'un point d'interrogation : qui est-il ? Lorsque les enquêteurs découvrent la photo de Hassan Diab dans le dossier universitaire de l'étudiant beyrouthin, ils ont le sentiment d'avoir peut-être trouvé ce qu'ils cherchaient depuis vingt-huit ans. Ce ne sont certes que des indices, pas des preuves. Mais les policiers de la DST et de la brigade criminelle qui, quelques mois plus tôt, avaient manifesté leurs réticences, sont cette fois convaincus que le jeu en vaut la chandelle, que le juge Trévidic est en train de remonter une piste susceptible de donner des résultats. À l'automne 2008, les magistrats parisiens du pôle antiterroriste estiment avoir recueilli un faisceau de charges suffisant pour demander au moins quelques explications au professeur de sociologie de l'université d'Ottawa. Le 5 novembre 2008, le juge Marc Trévidic lance un mandat d'arrêt international contre Hassan Diab qui est arrêté puis remis en liberté conditionnelle dans l'attente d'une décision de la justice canadienne sur son extradition. Les Canadiens vont examiner six années durant les charges transmises par la justice française avant de trancher. En attendant, l'enquête est cette fois bel et bien relancée. Elle va s'enrichir de nouveaux éléments déterminants.

Chapitre 7
De Beyrouth à Ottawa

Lorsqu'en 1999, les magistrats français identifient Hassan Diab et le repèrent au Canada, ce dernier présente de prime abord le profil d'un immigré anonyme ayant quitté le pays du Cèdre pour celui de la Feuille d'érable. Il a rompu les ponts avec son Liban natal, miné par quinze ans de guerre civile, pour refaire sa vie au Canada dont il a acquis la nationalité avant de devenir un honorable universitaire au département de sociologie de la fac d'Ottawa. Pourquoi et dans quelles circonstances a-t-il quitté le Liban ? Quand et comment est-il arrivé au Canada, quelles ont été les étapes de son périple ? Tout au long de l'enquête, policiers et magistrats vont reconstituer son itinéraire. Ils vont aussi s'attacher à recueillir des éléments sur sa personnalité et sur sa vie lorsqu'il était étudiant à Beyrouth.

Des demandes vont être adressées aux autorités libanaises et aux services d'immigration de plusieurs pays. Car Hassan Diab ne s'est pas rendu directement au Canada. Ses pérégrinations ont débuté en 1987. Il est tout d'abord parti à Chypre où il s'est marié avec Nawal Copty, une compatriote libanaise d'origine palestinienne dont il aurait fait la connaissance à l'Université américaine de Beyrouth. Selon les informations collectées par la DST française, Nawal Copty était aussi connue au Liban comme une militante politique proche du FPLP. Le mariage a été célébré à Nicosie le 21 août 1987. Trois jours plus tard, le couple est en Grèce, à Athènes, et obtient deux visas pour les États-Unis. Hassan Diab et Nawal Copty s'envolent sans tarder vers l'Amérique où ils arrivent le 27 août 1987. En 1988, Hassan Diab, fort de son DEA de sociologie obtenu à Beyrouth, s'inscrit à l'université privée de Syracuse, une ville de l'État de New York, située à une centaine de miles de la frontière canadienne. L'université, principal employeur de l'agglomération, est non confessionnelle et réputée pour son progressisme. L'ancien étudiant libanais y décroche quelques heures d'enseignement qui l'aident à financer la poursuite de son cursus. Tout en résidant à Syracuse, il obtient également à partir de 1989 un poste d'enseignant à la Bishop's University de Lennoxville, au Québec. Selon les renseignements transmis par Interpol, le couple voyage fréquemment entre les États-Unis et le Canada, où habitent les parents de Nawal Copty. Sa première entrée au

Canada est enregistrée en juin 1989. Le prof de socio entame dès cette époque les premières démarches pour obtenir la nationalité canadienne qui lui sera accordée en 1995.

Cette intégration exemplaire ne se déroule pas sans anicroches. Sur les rives du lac Ontario, la vie n'est pas toujours un long fleuve tranquille. À l'automne 1991, le couple se sépare, puis divorce deux ans plus tard. Hassan Diab ne reste pas longtemps seul. Peu de temps avant son divorce, lors de la rentrée universitaire de l'automne 1993, il a sympathisé avec l'une de ses étudiantes de l'université de Syracuse. Elle se nomme Heather Lyn Winne. La jeune Américaine tombe sous le charme de son professeur de sociologie et se met en ménage avec lui, quelques semaines après leur rencontre. Au printemps, en avril 1994, Heather et Hassan se marient. La cérémonie a lieu dans l'intimité, voire dans la confidentialité. Les parents de la jeune Américaine ne sont pas venus. Ils se sont opposés à la liaison de leur fille avec son professeur, beaucoup plus âgé qu'elle, d'origine étrangère et qu'elle connaît à peine. Plus tard, lorsqu'elle sera interrogée par les enquêteurs, Heather indiquera qu'aucun ami de Hassan Diab n'était non plus présent à leur mariage. L'année suivante, en octobre 1995, une petite fille naît de leur union. Mais le couple ne va pas tarder à battre de l'aile. Peu après la naissance de l'enfant, Heather

Lyn quitte le domicile familial pour ne plus y revenir. L'ancienne étudiante de Hassan Diab entame une procédure pour « mariage frauduleux ». Elle a découvert que son mari continuait d'entretenir des relations étroites avec son ex-épouse Nawal Copty qui habite à proximité. Elle accuse Hassan Diab de ne l'avoir épousée et de lui avoir fait un enfant que dans le seul but d'obtenir la précieuse « carte verte » lui permettant de demeurer sur le sol américain. La plainte sera classée sans suite, les magistrats américains ayant estimé qu'en dehors des assertions de Heather Lyn, aucun élément ne permet de conclure que le mariage a servi à contourner les lois sur l'immigration.

En 1996, le divorce est prononcé. Hassan Diab s'installe au Canada, dont il vient d'obtenir la nationalité. Puis il repart pour Beyrouth où il va enseigner à l'Université américaine, jusqu'en 1999. Il profitera de ce retour au pays natal pour publier un essai sur l'histoire politique du Liban, dont il sera question ultérieurement dans la procédure. Durant ce séjour au Liban, il fait la connaissance de Suzan Mary Widdicombe, une jeune chercheuse écossaise détachée pour un an à l'Université américaine de Beyrouth. L'administration du campus leur a attribué des logements mitoyens. Le courant passe entre le prof et l'étudiante britannique. De leur liaison naîtra un garçon qui verra le jour en

2000 après le retour de sa mère en Écosse. Hassan Diab assurera par la suite aux enquêteurs avoir gardé de bonnes relations avec Suzan Mary Widdicombe et maintenir un contact régulier avec ce fils vivant au Royaume-Uni.

Après le Liban, l'étape suivante est à nouveau le Canada. En décembre 1999, lorsque les enquêteurs français envoient des demandes de renseignement, le bureau Interpol d'Ottawa les informe que Hassan Diab a été localisé au 735 Don Mills Road, à North York, un quartier central de Toronto. Ils précisent que Nawal Copty, son ex-épouse libanaise qui est également devenue canadienne, est domiciliée à la même adresse. Malgré leur divorce, tous deux semblent être restés en bons termes. En 2000, Hassan Diab enseigne dans une université des Émirats arabes unis. L'année suivante, il reprend un poste à l'université de Syracuse ainsi qu'à Brockport, une petite ville américaine de dix mille habitants proche du Canada. Il s'accorde ensuite une année sabbatique. En 2003, il obtient un contrat d'une autre université canadienne, à Brandon, dans l'État du Manitoba. Puis sa route le mène au Koweït où il aurait enseigné de 2004 à 2006 dans une université locale. Il sera expulsé du pays pour une sombre affaire de mariage blanc qu'il aurait accordé à une jeune koweïtienne dans le seul but, selon lui, de la soustraire aux abus sexuels de son père.

C'est en tout cas ce qu'il expliquera aux enquêteurs lors de ses interrogatoires. Il retourne alors au Canada et s'installe à Ottawa. Il épouse Rania Tfaily, qui était l'une de ses étudiantes à Beyrouth et avec laquelle il était resté en contact. Le couple aura deux enfants. Il dispense des cours de sociologie dans deux universités d'Ottawa. Hassan Diab a alors 55 ans. Après des années de pérégrinations, il semble avoir trouvé une stabilité dans sa vie personnelle et professionnelle.

Un matin de novembre 2008, des policiers de la Gendarmerie royale du Canada se présentent à son domicile munis d'un mandat d'arrêt international. Ils l'informent qu'il est suspecté d'avoir commis, il y a vingt-huit ans, un attentat à la bombe à Paris. Hassan Diab proteste de son innocence, assure qu'il y a erreur sur la personne. L'universitaire a alors 55 ans. Il présente un visage allongé et glabre où apparaissent quelques rides. La minceur de ses lèvres est accentuée par un léger pincement et son regard appuyé à travers des lunettes cerclées d'une fine monture d'acier ne suggère *a priori* guère de ressemblance avec le jeune homme portant moustache et cheveux longs dont le portrait-robot a été dessiné vingt-huit ans auparavant dans les locaux de la brigade criminelle. Hassan Diab est brièvement incarcéré avant d'être remis en liberté sous caution. Il demeure sous le coup d'une demande d'extradition de la justice française. Sa carrière universitaire s'arrête net. Ses employeurs l'informent qu'il ne pourra reprendre ses cours que lorsqu'il aura définitivement réglé ses ennuis judiciaires.

Chapitre 8
Le passeport retrouvé

Hassan Diab, l'honorable professeur de sociologie de l'université d'Ottawa, est-il le poseur de la bombe de la rue Copernic ? Se trouvait-il à Paris le 3 octobre 1980 sous la fausse identité d'Alexander Panadriyu ? Le quinquagénaire est-il un ancien terroriste rattrapé par son passé ou, au contraire, un paisible intellectuel victime d'un imbroglio kafkaïen en raison de son homonymie avec un autre suspect ayant échappé aux recherches ?

Depuis que la justice française a lancé contre lui un mandat d'arrêt, Hassan Diab clame son innocence et se dit victime d'une invraisemblable méprise. Il est vrai qu'il porte un nom et un prénom très courants au Liban (l'une des figures marquantes de la scène politique libanaise, qui fût Premier ministre entre 2019 et 2020, s'appelle aussi Hassan Diab). S'appeler Hassan Diab au Liban, c'est comme François Martin en France, John Smith en Angleterre ou Karl Muller outre-Rhin. Les choses ne sont cependant pas si simples. Le juge Marc Trévidic ne s'est contenté ni d'une simple homonymie, ni de quelques indices épars ou de renseignements confidentiels recueillis par la DST. La piste conduisant vers l'universitaire libano-canadien a été très soigneusement explorée et étayée par d'autres éléments qui se sont avérés concluants.

Parmi ces indices déterminants, il y a un ancien passeport de Hassan Diab. Ce document a été retrouvé dans des circonstances bien particulières. Lorsqu'en 1999, l'universitaire d'Ottawa apparaît dans la procédure, des recherches sont lancées tous azimuts. Un clignotant s'allume alors en Italie. La DST informe le juge Bruguière que la copie d'un passeport libanais au nom de Hassan Diab, correspondant à l'état civil de l'homme recherché, est conservée depuis 1981 dans les archives de la police italienne. Comment ce document est-il arrivé là ? Pour bien comprendre tout l'intérêt de cette pièce à conviction, il faut reprendre son cheminement depuis le début.

Le 8 octobre 1981, un an après l'attentat de la rue Copernic, un passager algérien répondant au nom d'Ahmed Ben Mohamed arrive à l'aéroport de Rome en provenance de Beyrouth. Au passage de la douane, un incident survient : les douaniers découvrent qu'Ahmed Ben Mohamed détient – outre son passeport algérien – toute une série d'autres passeports aux nationalités diverses – maltais, péruvien... – dont un passeport libanais au nom de Hassan Diab. Mis en garde à vue et interrogé, Ahmed Ben Mohamed donne des explications confuses. Au sujet de Hassan Diab, il affirme que ce dernier est un ami beyrouthin qui lui a confié son passeport afin de l'inscrire pour une année universitaire à la faculté d'Alger. Seulement voilà, Ben Mohamed n'a aucun billet pour Alger et n'est pas en mesure de donner la moindre précision sur un prochain voyage en Algérie. Il change alors de version et affirme être venu « faire du tourisme » en Italie. Pour le reste, il demeure peu prolixe sur le stock de documents d'identité retrouvés dans sa mallette.

Que faire de cet étrange voyageur ? Huit jours plus tard, le 15 octobre 1981, la justice italienne décide de libérer Ahmed Ben Mohamed et lui remet un permis de séjour de quarante-huit heures. En clair, on lui demande de déguerpir au plus vite. C'est ainsi que se traitaient à l'époque dans nombre de pays européens les affaires touchant au terrorisme moyen-oriental. Lorsque le membre d'une organisation clandestine arabe était interpellé en situation irrégulière, il était expulsé dans les plus brefs délais sans autre forme de procédure. À la fin des années 1970 et au début des années 1980, l'espace Schengen n'existait pas. Certains pays du vieux continent – et non des moindres – n'hésitaient pas à fermer les yeux sur le passage de terroristes sur leur territoire dès lors que l'attentat était commis chez le voisin. Cette lâche méthode était considérée comme le moyen le plus sûr d'éviter des représailles et de garantir la sécurité publique.

Dans le cas d'Ahmed Ben Mohamed, un procès-verbal figurant dans le dossier italien fait état d'un « télégramme téléphoné très urgent » du substitut du procureur enjoignant de se débarrasser au plus vite de cet encombrant justiciable. Le procureur demande l'arrêt des poursuites, « pour un fait sans preuves, en tout cas commis à l'étranger ». De toute évidence, les magistrats italiens ne veulent pas trop en savoir sur ce passager multicarte en provenance de Beyrouth. Ils ne souhaitent même pas attendre le retour des demandes d'informations adressées à Interpol afin de déterminer l'origine exacte et l'authenticité des documents saisis. Le désir de voir Ahmed Ben Mohamed plier bagage dans les plus brefs délais est si pressant que les Italiens le laissent repartir avec la totalité du stock de passeports qui lui sont restitués. La police italienne a tout de même la présence d'esprit d'en conserver la trace en effectuant des photocopies.

Lorsque les réponses d'Interpol arrivent, c'est trop tard, Ahmed Ben Mohamed s'est évaporé. Il a quitté la péninsule sans laisser la moindre trace. Or, son passeport algérien s'avère être un faux, provenant d'un lot de huit cents pièces d'identité volées en Algérie un an plus tôt. Si Ahmed Ben Mohamed n'a jamais existé, la DST croit savoir qui se cache derrière cette identité fictive. Selon le service de renseignement français, l'homme qui a pu librement quitter l'Italie après sa garde à vue s'appellerait en réalité Rachid Abd Abou Salem. C'est un membre important du FPLP-OS, le groupe terroriste suspecté d'avoir commis l'attentat contre la synagogue de la rue Copernic. Rachid Abd Abou Salem est le responsable d'un groupe opérationnel ayant suivi un « stage d'entraînement militaire » intensif en Yougoslavie entre 1979 et 1980.

En revanche, le passeport au nom de Hassan Diab est authentique. Sollicitées par Interpol à la demande des Italiens, les autorités libanaises ont confirmé que le document a bien été établi régulièrement par leurs services. Les Libanais ont tenté de contacter Hassan Diab à son adresse à Beyrouth afin qu'il apporte des éclaircissements sur la saisie de son passeport à l'aéroport de Rome. Mais Hassan Diab demeure introuvable sur le territoire libanais. Son père assure aux policiers venus frapper à sa porte que son fils a quitté le Liban depuis septembre 1981, « suite à une dispute familiale », et qu'il est sans nouvelle depuis.

Reste à comprendre pourquoi l'un des chefs du FPLP-OS est arrivé à l'aéroport de Rome Fiumicino avec ce stock de passeports ? Selon le rapport de la DST, il s'agit là d'une technique traditionnelle des organisations terroristes moyen-orientales pour pénétrer de manière clandestine dans un pays frontalier ou proche de celui où un attentat va être perpétré. D'après cette hypothèse, Hassan Diab se serait trouvé le même jour, sur le même vol Beyrouth-Rome, en compagnie de Rachid Abd Abou Salem. Il aurait embarqué le plus légalement du monde à l'aéroport de Beyrouth en passant la douane avec son vrai passeport libanais, ainsi qu'en atteste un tampon de sortie du Liban daté du même jour. Une fois dans l'avion, ou dans un couloir de l'aéroport, avant de passer la douane italienne en tout cas, il aurait confié son passeport à Abou Salem, ce dernier lui remettant en retour un passeport fictif pour circuler en Europe sous une fausse identité. Une fois l'attentat perpétré, le subterfuge aurait dû s'opérer en sens inverse. Chaque membre du commando repartant dans un pays voisin pour récupérer son vrai passeport auprès du comparse auquel il l'a confié. Ce stratagème fonctionnait généralement sans encombre car les passages aux frontières n'étaient à l'époque pas informatisés. Sauf dénonciation ou incident imprévu, il était relativement aisé de voyager sous une fausse identité. Dans le cas présent, l'interpellation d'Abou Salem à son arrivée à Rome est venue gripper le dispositif.

Lorsqu'en novembre 1999 le juge Jean-Louis Bruguière est informé de l'existence d'une copie d'un passeport au nom de Hassan Diab, oublié au fond d'un carton de scellés de la police romaine, il demande à ses homologues italiens de la lui communiquer. Le document mettra une année à lui parvenir. Le 21 novembre 2000, le magistrat parisien reçoit enfin une photocopie du document comportant l'ensemble des visas, tampons d'entrée et de sortie des pays dans lesquels Hassan Diab s'est rendu au début des années 1980. L'examen attentif de ses voyages et les dates auxquelles ils se sont déroulés vont s'avérer riches d'enseignements.

Ce passeport authentique a été délivré le 10 mai 1980 à Beyrouth au citoyen Hassan Diab né le 23 novembre 1953 dans la même ville. L'état civil qui y est inscrit ainsi que la photo d'identité ne laissent subsister aucune ambiguïté. Il s'agit bien du même individu retrouvé au Canada. À en juger par les nombreux tampons, l'étudiant beyrouthin voyageait beaucoup entre 1980 et 1981. Certaines régions où il s'est rendu n'étaient pas vraiment réputées pour leur tourisme. Il est allé en Syrie, en Algérie, en Bulgarie… Le passeport comporte aussi un visa yougoslave en date du 30 avril 1981. Qu'est-il allé faire là-bas ? On l'ignore. Mais c'est dans ce même pays que, selon les informations de la DST, la faction terroriste dirigée par Rachid Abd Abou

Salem a suivi un stage d'entraînement militaire, l'année précédente. Le même Abou Salem qui, six mois plus tard, alors qu'il voyage sous un faux nom, est incapable d'expliquer aux policiers romains pourquoi il transporte une mallette remplie de passeports, dont celui de Hassan Diab.

Une autre série de tampons attire en particulier l'attention des enquêteurs. Il s'agit tout d'abord d'un visa espagnol délivré le 17 septembre 1980 par l'ambassade d'Espagne à Beyrouth. Hassan Diab a voyagé avec ce visa quelques jours plus tard. Un cachet d'entrée à l'aéroport de Madrid Barajas daté du 20 septembre 1980 en atteste. Puis il a quitté l'Espagne, le 7 octobre, mais on ignore par quel chemin. Un tampon apposé à la hâte permet juste de déchiffrer le mot « *fronteras…* » (frontières) suivi d'une mention illisible. Hassan Diab serait donc arrivé à Madrid quinze jours avant l'attentat de la rue Copernic. Il en serait reparti quatre jours après. Ce timing concorde avec les renseignements très précis recueillis par la DST indiquant que l'Espagne a servi de base arrière dans la préparation et la réalisation de l'attentat contre la synagogue parisienne.

Les enquêteurs ont donc réussi à « faire parler » le passeport de Hassan Diab. Selon leur hypothèse, l'étudiant beyrouthin aurait fait partie du commando arrivé à Madrid. Il aurait gagné Paris, voyageant en train, après avoir confié son passeport libanais à un comparse et reçu en échange le fameux passeport chypriote au nom d'Alexander Panadriyu. Un an plus tard, en octobre 1981, une opération similaire aurait eu lieu *via* l'aéroport de Rome. Les enquêteurs n'ont pas manqué de relever la coïncidence de dates cette fois-ci avec l'attentat contre une synagogue à Anvers en Belgique. L'explosion d'une fourgonnette devant le lieu de culte juif anversois, le 20 octobre 1981, a fait trois morts et soixante blessés. Les renseignements de la DST, versés au dossier d'instruction, attribuent aussi l'attentat d'Anvers au FPLP-OS de Rachid Abd Abou Salem.

La version confuse de Hassan Diab

Avant même de se retrouver suspecté dans l'attentat contre la synagogue parisienne, Hassan Diab a tout de même été contraint de fournir quelques explications sur la saisie de son passeport à Rome. Certes, Rachid Abd Abou Salem l'avait récupéré avant de quitter l'Italie. Mais le document était désormais identifié par une police européenne comme ayant été utilisé par une organisation terroriste palestinienne dans le cadre d'une opération clandestine. Signalé à Interpol, le passeport était dès lors inutilisable. Il devenait périlleux de le présenter au passage d'une frontière. Le 17 mai 1983 – dix-neuf mois après l'épisode romain – Hassan Diab, qui a terminé ses études et travaille à la Banque du Liban, se présente à la Sûreté générale libanaise. Il souhaite, dit-il, établir une déclaration de perte de son passeport pour s'en faire établir un nouveau. Le fonctionnaire qui reçoit le jeune homme consulte son dossier. La saisie du document par les Italiens en octobre 1981 y est toujours mentionnée. Un rien suspicieux, le policier l'interroge sur les circonstances dans lesquelles son passeport s'est retrouvé dans l'attaché-case d'un responsable du FPLP-OS et lui demande sa version des faits. Les explications de Hassan Diab, qui ont été consignées sur un procès-verbal, traduisent à l'évidence son embarras.

Hassan Diab affirme avoir perdu son passeport dans le courant du mois d'avril 1981. Sa sacoche en cuir dans laquelle il l'avait rangé serait tombée de sa moto lors d'un trajet entre l'université et son domicile. Le policier libanais ne manque pas de relever que le jeune homme a attendu plus de deux ans pour effectuer sa déclaration de perte. Pourquoi un tel délai ? Hassan Diab explique avoir été trop occupé par ses examens. Il évoque aussi son frère Hani Diab, lieutenant dans l'armée libanaise, en expliquant qu'il pensait que ce dernier en avait informé les autorités... Il maintient en tout cas avoir perdu son passeport six mois avant sa saisie à Rome. On comprend aisément l'importance de cet enchaînement des faits. Si ce que prétend Hassan Diab est vrai, cela le met hors de cause dans l'utilisation frauduleuse de son passeport, en octobre 1981, lors de l'attentat d'Anvers mené par un groupe terroriste palestinien.

En mai 2008, lors de la relance de l'enquête, le juge Trévidic obtient du ministère de l'Intérieur libanais une copie du procès-verbal de la déposition de Hassan Diab. Ses explications sont loin de convaincre les enquêteurs français. Ceux-ci relèvent de nombreuses contradictions avec les informations révélées par l'examen attentif du passeport de Hassan Diab. Ils constatent que ce passeport a continué d'être normalement utilisé après le mois d'avril 1981, date alléguée de la perte, sans que la photo soit modifiée. Le visa yougoslave, délivré à Beyrouth, a été apposé le 30 avril 1981. Un visa turc est daté du 24 mai 1981. Un visa algérien du 5 octobre 1981. Il y a aussi des tampons de sortie : le 2 juin 1981, par El Masnaa à la frontière syrienne. Et surtout, le 8 octobre 1981 par l'aéroport de Beyrouth. Le même jour, Rachid Abd Abou Salem était interpellé à Rome à son arrivée d'un vol du Liban, avec dans sa poche le passeport de Hassan Diab.

Si le document de voyage a été perdu en avril 1981, comme le soutient Hassan Diab, on a du mal à concevoir que celui qui l'aurait trouvé l'ait ensuite utilisé frauduleusement et de manière répétée, sans en modifier la photo. Ce raisonnement est argumenté de manière très précise dans le « Résumé des éléments de preuve », rédigé par le juge Marc Trévidic. « La version de Hassan Diab impliquait nécessairement que l'utilisateur de son passeport avait pris le risque d'utiliser celui-ci, y compris dans des démarches de demande de visa auprès de diverses ambassades et sans même avoir pris soin d'apposer sa propre photographie sur ledit passeport, alors qu'en toute logique il pouvait craindre que son titulaire en ait déjà signalé la perte ou le vol. » À l'appui de cette dernière remarque, le magistrat souligne une règle de bon sens : une personne qui perd son passeport en fait généralement la déclaration officielle le plus rapidement possible. Hassan Diab, lui, a attendu deux ans pour le faire, « contraint et forcé à l'occasion d'une demande de délivrance d'un nouveau passeport », souligne le juge Trévidic.

Un dernier point – fondamental – apparaît à la lecture du procès-verbal. Si Hassan Diab a perdu son passeport en avril 1981 comme il l'affirme, c'est donc bien lui qui l'a utilisé pour se rendre en Espagne du 20 septembre au 7 octobre 1980, ainsi qu'en attestent les tampons d'arrivée à l'aéroport de Madrid et de sortie de la péninsule Ibérique. Ce périple correspond aux dates et au trajet présumé des auteurs de l'attentat de la rue Copernic. Lors de sa déclaration de perte en 1983, le policier libanais a demandé à Hassan Diab de lui préciser les voyages les plus récents qu'il a effectués avec son passeport. L'étudiant libanais a signalé un séjour en Grèce en août 1980, mais n'a pas évoqué ce déplacement de dix-huit jours en Espagne, pourtant plus récent.

Chapitre 9
Nawal Copty, l'épouse silencieuse

C'est une petite femme brune au visage soigné et aux grands yeux noirs, dans lesquels on peut déceler une légère inquiétude, qui fait son entrée le 24 novembre 2008 dans le bureau du procureur de San Francisco. Nawal Copty est venue, assistée d'un avocat. Face à elle, le juge Marc Trévidic, accompagné de son collègue Yves Jannier, d'un traducteur franco-arabe assermenté et de trois policiers de la DST. Les deux magistrats se sont rendus aux États-Unis après avoir obtenu l'autorisation de la justice américaine d'interroger l'ex-épouse de Hassan Diab. Elle a quitté le Canada depuis plusieurs années. Elle est ingénieure informatique dans une grande entreprise et vit désormais en Californie où elle s'est remariée en 2002 avec un Américain. Cependant, elle continue d'entretenir de bonnes relations avec son ancien mari. À cet égard, les enquêteurs français relèvent que, sur un formulaire administratif canadien datant de 2004, Hassan Diab a indiqué le nom de Nawal Copty comme « personne à prévenir d'urgence » en cas d'accident ou de problème grave.

Les deux magistrats français considèrent que le témoignage de Nawal Copty est indispensable. Les juges Marc Trévidic et Yves Jannier cherchent à obtenir le maximum d'informations sur le passé de Hassan Diab, sur ses activités politiques à Beyrouth, sur sa vie privée et aussi sur sa personnalité. Ce sera peine perdue. D'une voix frêle mais d'un ton définitif, Nawal Copty signifie dès le début de l'audition qu'elle ne parlera pas et se refuse à toute déclaration. L'ex-épouse de Hassan Diab invoque le cinquième amendement de la constitution des États-Unis d'Amérique qui permet à toute personne de refuser de témoigner si elle craint que son témoignage puisse entraîner des poursuites pénales à son encontre sur le sol américain. Le procureur insiste, lui fait valoir que cet amendement ne s'applique pas vraiment à la situation présente, puisque Nawal Copty n'est accusée de rien dans ce dossier. Le cinquième amendement, lui rappelle l'*Assistant US attorney*, ne peut être invoqué que pour soi-même et pour d'éventuelles poursuites aux États-Unis. Les deux magistrats français tentent de la rassurer. Il n'existe pas, lui disent-ils, de charge contre elle dans le dossier. Seul Hassan Diab est en cause. Ils précisent à Nawal Copty que son témoignage est parfaitement libre et que c'est l'occasion pour elle de fournir d'éventuels éléments à décharge, permettant d'innocenter son ex-mari. Rien n'y fait ! Nawal Copty refuse de répondre à la moindre question, y compris les plus anodines.

Elle ne veut rien dire de sa vie commune avec Hassan Diab, des circonstances de leur rencontre amoureuse à Beyrouth. Elle se réfugie pareillement dans un mutisme de principe lorsque les juges français l'interrogent sur les voyages qu'elle a pu faire avec lui, les pays qu'ils ont visités. Elle adopte la même attitude concernant la description physique et les habitudes de Hassan Diab à la fin des années 1970 et au début des années 1980. Avait-il les cheveux longs, portait-il des lunettes, fumait-il des cigarettes, faisait-il de la moto ? À chaque question, elle demeure silencieuse. Elle se refuse à donner la moindre indication lorsqu'on lui présente de vieilles photos d'identité de celui qu'elle a côtoyé tout au long de ses études à l'université de Beyrouth avant de partager sa vie quatre années durant. On aurait pu concevoir un peu plus de coopération de la part d'une ex-épouse souhaitant aider son ex-mari à démontrer son innocence.

Chapitre 10
Heather Lyn Winne, l'épouse américaine

Lors de sa venue aux États-Unis, le juge Marc Trévidic, accompagné de son collègue Yves Jannier, a également effectué une étape à Syracuse, dans l'État de New York. Les deux magistrats ont rencontré Heather Lyn Winne, la jeune américaine qui avait épousé Hassan Diab avant de divorcer au bout de quelques mois. Elle a volontiers accepté de témoigner et se rend seule à la convocation, sans juger nécessaire d'être assistée d'un avocat. La jeune femme n'invoque aucun amendement, aucun texte pour restreindre la portée de sa déposition. Elle a aujourd'hui refait sa vie. Cette blonde aux cheveux courts et à l'apparence soignée parle librement de sa brève vie de couple avec Hassan Diab, quinze ans plus tôt. En 1993, Heather Lynn Winne suit une formation d'infirmière à l'hôpital Saint-Joseph de la ville. À la rentrée de septembre, elle tombe sous le charme de cet enseignant auxiliaire, de vingt ans son aîné, détaché par l'université pour donner des cours de sociologie aux élèves. Très vite, une liaison amoureuse les unit. L'étudiante s'installe dans le logement qu'occupe son professeur sur le campus de l'université. Puis le couple emménage dans un petit deux pièces d'une coquette résidence entourée de pelouses sur la Smith Lane, à la lisière de l'East Side.

Après un an de vie commune, Heather Lynn et Hassan se marient, en novembre 1994. La célébration de leur union est réduite à une stricte formalité. Tout s'est déroulé au tribunal de Syracuse. Hormis deux témoins de circonstances, les nouveaux époux sont venus seuls. Hassan n'a convié aucun ami, aucun collègue de travail. La jeune fille, âgée de 20 ans à l'époque, n'a même pas prévenu ses parents. Avec le recul, elle confie aux enquêteurs français son sentiment de s'être fait quelque peu manipuler. L'ex-étudiante raconte comment elle s'est retrouvée mariée, presque du jour au lendemain, à la suite d'une discussion informelle avec son compagnon. Un soir, Hassan Diab a commencé à évoquer ses problèmes administratifs. « Je ne sais pas comment je vais obtenir ma nationalité... J'en ai besoin », soupire-t-il. Le professeur de sociologie sait manifestement user de persuasion. « Il n'est pas venu me dire brusquement qu'il voulait pouvoir rester ici. Il a sa façon d'en parler. Donc nous avons passé en revue toutes les options », se souvient Heather. « Eh bien, c'est facile, on se marie… », lance soudain Hassan Diab. « Cela semblait une chose facile », dit-elle aux deux magistrats. Deux jours après leur conversation, le mariage est scellé en quelques minutes dans une salle du palais de justice de la ville. Heather se souvient aussi que l'une des toutes premières démarches de son mari après la cérémonie a été de se rendre avec elle aux services de l'immigration, situés dans la ville de Buffalo à deux heures de route de Syracuse, pour demander la précieuse *green card,* la carte verte, sésame indispensable qui permet de résider et de travailler de manière permanente aux États-Unis.

Onze mois plus tard, en novembre 1995, un enfant naît de cette union. Mais le couple ne tarde pas à battre de l'aile, ce qui va contrecarrer les projets de l'immigré libanais de refaire sa vie sur le sol américain. Leurs rapports se dégradent. Heather apprécie très moyennement que Hassan continue de fréquenter son ex-épouse, Nawal Copty, ce dont il ne se cache guère. Hassan est souvent absent du domicile. Il explique à sa jeune épouse qu'il doit se rendre chez son ex-femme pour « rédiger sa thèse ». Les séances de travail ont aussi lieu sur le campus, à la bibliothèque. Hassan Diab et Nawal Copty s'appellent tous les jours au téléphone. De longues discussions en arabe dont le sens échappe à l'étudiante de Syracuse.

En 1996, quelques semaines après la naissance de sa fille, Heather Lyn Winne quitte le domicile conjugal et entame une procédure de divorce. Elle n'a plus les yeux de Chimène pour ce quadragénaire oriental dont elle réalise qu'elle ignore tout de sa vie. Elle ne connaît pas ses amis, ne sait pas grand-chose de son existence antérieure au Liban, ni des raisons qui l'ont poussé à quitter son pays. Elle a surtout le sentiment qu'il ne l'a épousée que pour pouvoir obtenir la carte verte. Elle le suspecte d'avoir divorcé d'un commun accord avec Nawal Copty pour se remarier avec une Américaine tout comme Nawal Copty en a fait de même avec un Californien. Elle n'est pas loin de penser que c'est dans le même but qu'il lui a fait un enfant. « J'ai dans l'idée qu'il avait en tête d'utiliser ma fille comme une garantie assez importante pour rester ici. D'après ce que j'ai compris, c'était une garantie plus conséquente que ma modeste personne », déclare-t-elle lors de son témoignage.

Les juges Marc Trévidic et Yves Jannier fouillent dans le passé du couple, à la recherche du moindre indice. Ils interrogent la jeune femme sur d'infimes détails. Le moindre souvenir peut avoir son importance. De quoi lui parlait-il ? Évoquait-il sa vie d'avant, à Beyrouth, ses amis, ses occupations ? Heather peine à formuler des réponses qui puissent éclairer les enquêteurs. L'homme avec lequel elle a vécu demeure pour elle un inconnu. Elle a cru comprendre que son ex-mari a quitté le Liban en raison d'un engagement politique qui lui aurait causé des « problèmes », mais il ne lui en a guère dit plus. Elle se souvient qu'il a renoncé à se rendre aux obsèques de sa mère, décédée en 1994. La jeune Américaine est tout aussi imprécise lorsqu'on aborde le sujet du conflit israélo-palestinien. Elle se rappelle que Hassan lui avait parlé de la guerre, sans entrer dans les détails. Elle ne se souvient pas de propos antisémites ou particulièrement virulents à propos des Israéliens.

Les juges parisiens l'interrogent aussi sur les idées politiques de Hassan Diab. Ils relèvent dans leur procès-verbal que la jeune femme a beaucoup de difficultés à préciser les opinions de son ex-conjoint. « Il était en faveur des opprimés », lâche-t-elle sans plus de précisions lorsque ses interlocuteurs insistent. À cet égard, Heather Lynn se souvient que son mari avait envisagé dans ces mêmes années d'aller s'installer en Afghanistan où les Talibans venaient de prendre le pouvoir. Il ne s'agissait, précise-t-elle, que de vagues paroles sans qu'un véritable projet ne soit mis sur pied. « Il voulait aller vivre là-bas parce que ça l'intéressait. Ça me paraissait étrange mais il est comme ça », raconte l'infirmière américaine aux enquêteurs. Après le divorce, Hassan Diab décide de s'installer à l'été 1996 au Canada où il a trouvé un poste dans une université.

Enfin, les juges français l'interrogent sur l'attentat contre la synagogue de la rue Copernic. Heather

Lyn Winne n'en avait jamais entendu parler jusqu'à ce que les journaux canadiens et américains consacrent des articles à Hassan Diab. Lorsque, début novembre 2008, elle reçoit une convocation du FBI en vue de recueillir son témoignage, l'infirmière de Syracuse vient d'apprendre quelques jours auparavant les soupçons qui pèsent sur son ex-mari. Les magistrats français interrogent la jeune femme : le professeur de sociologie n'a-t-il jamais évoqué cet attentat, lui a-t-il fait une confidence, même à demi-mot, une allusion à un épisode trouble de son existence qui se pourrait se rattacher à cet attentat ? La réponse est négative. Les juges formulent une dernière question, plus subjective :

— Pour ce qui est du lien avec cet attentat, auriez-vous une quelconque idée ou opinion à ce sujet ? Seriez-vous surprise s'il y était lié ?

— Non, répond Heather Lyn Winne.

— Cela ne vous surprendrait pas ? relancent les magistrats.

— Non.

Tous ces éléments en demi-teinte, apportés par le témoignage de l'infirmière américaine, ne suffisent pas, bien sûr, à faire de Hassan Diab un coupable. Mais ils confortent l'impression des enquêteurs que le profil et le passé de l'universitaire libano-canadien ne sont pas aussi limpides qu'il voudrait le montrer.

Les circonstances de son départ du Liban, son vrai-faux divorce avec sa première épouse libanaise qu'il continue de fréquenter assidûment, le remariage avec une étudiante américaine qui ignore des pans entiers de sa vie antérieure… Il y a comme une zone brumeuse derrière laquelle on a du mal à cerner certains moments clés de son existence.

Chapitre 11
Fatima Faour, l'activiste émancipée

Lorsque Hassan Diab a effectué à Ottawa les formalités d'usage pour renouveler son passeport canadien en 2004, il lui a été demandé d'indiquer les noms de deux citoyens canadiens pouvant « attester de son identité ». Parmi ceux-ci, le professeur de sociologie a mentionné une certaine Fatima Faour, elle-même sociologue à Montréal, en indiquant que leur relation remontait à une vingtaine d'années. Le document a été retrouvé dans les archives canadiennes et transmis à Paris. Les enquêteurs français se sont intéressés de plus près à ce témoin de moralité produit par Hassan Diab dans le cadre de banales démarches administratives. D'origine libanaise, Fatima Faour est née en 1958 à El Khiyam, un petit village du sud du Liban, proche de la ville de Nabatieh. Au début des années 1980, elle était étudiante en sociologie à la fac de Beyrouth, tout comme Hassan Diab. Elle y a suivi le même cursus durant sept ans et a obtenu la même année que lui son diplôme. Arrivée au printemps 1994 au Canada, elle y a obtenu la nationalité trois ans plus tard.

Or, Fatima Faour, qui se fait aussi appeler Faten Faour, n'est pas une inconnue pour la DST. Selon les fichiers du service français de renseignement chargé de la lutte contre le terrorisme, la jeune femme a été membre du Parti communiste libanais puis a rejoint le FPLP dont elle a été membre en 1975 et 1976. Elle s'est ensuite rapprochée des Fractions armées révolutionnaires libanaises (Farl), un autre groupe terroriste de la même mouvance que le FPLP. (La DST la suspecte d'avoir été en contact direct avec le chef des Farl, le terroriste Georges Ibrahim Abdallah aujourd'hui le plus ancien prisonnier de France. Condamné en 1986 à la réclusion criminelle pour complicité dans l'assassinat à Paris de deux diplomates américain et israélien, il est toujours détenu depuis près de quarante ans. Lors d'une perquisition dans la chambre d'hôtel lyonnaise de George Ibrahim Abdallah, lors de son arrestation en octobre 1984, les policiers ont saisi une liste manuscrite de numéros de téléphone. L'un de ces numéros, dont l'indicatif semblait indiquer une adresse au Liban, était au nom de « Faten »).

Ces éléments sont recoupés et précisés par un proche de la jeune femme, un certain Bassam Haidar, qui sera entendu comme témoin en mars 2010 par la police judiciaire. Vivant en région parisienne depuis qu'il est arrivé en France en 1991, ayant cessé toute activité politique, Bassam Haidar est lui aussi un ancien militant du Parti communiste libanais. Il a participé à des combats lors de la guerre civile contre l'armée syrienne et contre l'armée israélienne pour défendre son village. Il est originaire d'El Khiyam, le même village natal que Fatima Faour. Il confirme aux enquêteurs qu'il l'a bien connue et qu'elle faisait partie de son cercle d'amis à Beyrouth dans les années 1980. Il décrit une jeune femme au caractère bien trempé, « émancipée pour l'époque » (c'est son expression) qui défendait son indépendance. « Elle ne présentait pas du tout l'attitude d'une femme arabe. Elle défendait sa liberté sexuelle. Elle était critiquée au village pour ces idées », se souvient-il lors de sa déposition. À Beyrouth, elle habitait dans un studio au dernier étage d'un immeuble du quartier huppé de Hamra au centre-ville. « Elle aimait énormément les débats politiques et n'hésitait pas à donner son avis. Elle se disait trotskiste. » Bassam Haidar se souvient que lorsque Faten Faour était étudiante, elle militait au FPLP, « le groupe de George Habache », et au Parti des travailleurs socialistes arabes (PTSA). Faten était selon lui une activiste propalestinienne très engagée. « Elle voyageait beaucoup, c'était une femme très active », dit-il.

D'où provenaient ses revenus lui permettant de mener ce train de vie ? demandent les hommes de la police judiciaire à Bassam Haidar. « Ses parents n'étaient pas forcément très riches », poursuit le témoin. « Mais je pense qu'elle avait les moyens de voyager car les membres officiels du FPLP recevaient un salaire conséquent et des avantages en nature, une voiture, de l'essence… ». Il raconte avoir constaté à plusieurs reprises qu'elle portait un petit pistolet dans son sac. Elle avait suivi des stages paramilitaires organisés par le FPLP, ajoute-t-il sans toutefois être en mesure de donner plus de précisions sur ce point. Il livre un détail supplémentaire : dans ces années de guerre civile, Fatima a été blessée par balle. S'il ignore dans quelles circonstances cet épisode s'est déroulé – balle perdue tirée par un sniper ou participation à un combat –, cette blessure, souligne-t-il, était une chose connue de son entourage. « Je crois qu'elle a été blessée à la jambe droite, mais je ne suis pas sûr. Je l'ai vue boiter assez longtemps. » À la fin de l'interrogatoire, les policiers présentent à Bassam Haidar un album comportant plus d'une cinquantaine de photos de différentes personnes. Il identifie sans aucune hésitation le visage de Fatima Faten Faour.

Fatima Faour va être interrogée à son tour en octobre 2010 par la justice québécoise. Elle reconnaît avoir été étudiante en sociologie à Beyrouth mais est beaucoup moins diserte sur le reste. Elle affirme n'avoir jamais eu le moindre engagement politique, même si, précise-t-elle, la cause palestinienne lui tenait à cœur. Elle n'a jamais appartenu au FPLP ni à aucun autre groupe terroriste, contrairement à ce qu'indiquent les renseignements recueillis sur elle par les services français. Elle affirme ne pas connaître Bassam Haidar. Concernant Hassan Diab, elle prétend n'avoir fait sa connaissance qu'après avoir émigré au Québec, lorsqu'elle étudiait la sociologie à Montréal. Pourtant, Hassan Diab a indiqué sur le formulaire de 2004 vous connaître depuis plus de « vingt ans », lui fait remarquer le magistrat québécois, ce qui renvoie à la période libanaise de sa vie. Poussée dans ses retranchements, Fatima Faour reconnaît qu'elle était inscrite les mêmes années aux mêmes cours que Hassan Diab à la fac de Beyrouth. Nous nous sommes peut-être croisés mais nous ne nous connaissions pas, nous n'étions pas amis, soutient-elle durant son interrogatoire. Du même coup, elle se refuse à donner le moindre renseignement sur Hassan Diab.

Le magistrat québécois lui pose une dernière question. A-t-elle jamais été blessée par balle, en conserve-t-elle des cicatrices ? Fatima Faour hésite à répondre. Elle tente une esquive, puis concède : oui elle a été blessée par balle. C'était en 1976, alors que la guerre civile faisait rage à Beyrouth. Elle affirme qu'elle a été atteinte par un tir de sniper alors qu'elle se « promenait » dans une rue de Beyrouth. Elle a été touchée au ventre et non à la jambe. Hormis ce détail, la réalité de cette blessure semble bien authentifier le témoignage de Bassam et sa proximité avec son ancienne camarade de la fac de Beyrouth. Lorsqu'il sera interrogé à son tour, quelques années plus tard, sur la nature de ses relations avec Fatima Faour, Hassan Diab se cantonnera lui aussi dans des réponses vagues et incertaines.

Chapitre 12
Youssef El-Khalil, l'ami de trente ans

Les juges antiterroristes vont pousser leurs investigations au Liban, le pays natal de Hassan Diab. Quelle vie menait l'étudiant beyrouthin dans les années 1980 ? Outre ses études, quels étaient ses projets, ses activités, ses fréquentations ? C'est à partir d'une information enfouie dans un vieux dossier oublié que le volet libanais de l'enquête va progresser. En février 2008, les policiers de la DST informent le juge d'instruction Marc Trévidic qu'ils ont retrouvé la trace de Hassan Diab et de son ex-épouse Nawal Copty dans une ancienne procédure judiciaire vieille de vingt ans n'ayant aucun rapport avec l'attentat de la rue Copernic.

En consultant les archives judiciaires entreposées à Vitry-sur-Seine, en banlieue parisienne, les fonctionnaires sont tombés sur un dossier datant de février 1988. À l'époque, un autre magistrat antiterroriste, le juge Gilles Boulouque, enquêtait sur une vague d'attentats à la bombe qui avait frappé la France deux ans plus tôt, en 1986, et dont le plus meurtrier, celui de la rue de Rennes à Paris, est encore présent aujourd'hui dans les mémoires. Ces attentats avaient été revendiqués par un mystérieux Comité de soutien aux prisonniers politiques arabes (CSPPA), un groupe non identifié basé au Liban. En raison du manque d'informations concernant le CSPPA, le juge Boulouque avait opéré un vaste coup de filet. Après avoir établi la liste de toutes les personnes susceptibles de fournir le moindre renseignement sur la nébuleuse des milices et organisations terroristes actives au Liban, le magistrat avait fait procéder à leur interpellation.

C'est dans ces circonstances que des policiers de la DST se présentent le 12 mars 1988 au domicile niçois d'un ressortissant libanais, Youssef El-Khalil. Économiste à la Banque du Liban, en disponibilité, récemment marié à une franco-libanaise, ce cadre trentenaire réside alors de la manière la plus légale en France où il ambitionne de trouver du travail et de s'établir. Jamais condamné ni même poursuivi, que ce soit en France ou au Liban, il est néanmoins interpellé et placé en garde à vue dans le cadre d'une procédure antiterroriste. Pourquoi un tel traitement ? Parce qu'il est répertorié dans les fichiers de la DST – un service de renseignement toujours bien informé – comme ayant eu des liens assez suivis avec le FPLP lorsqu'il était étudiant en économie à l'université américaine de Beyrouth. La chose au demeurant n'a rien d'exceptionnel, ni de répréhensible au regard du droit pénal français. Dans les années 1980, les groupes armés palestiniens avaient pignon sur rue au Liban et étaient actifs sur les campus où ils recrutaient militants et sympathisants.

En raison de son passé et de sa proximité avec ces organisations, les policiers de la DST considèrent que Youssef El-Khalil peut les aider dans leur enquête. Peut-être est-il en possession d'informations – même ténues – qui leur permettraient de démêler l'écheveau des groupes terroristes et milices armées basés au Liban ? Au cours de sa garde à vue, qui va durer quatre jours, le jeune homme reconnaît volontiers avoir croisé des membres du FPLP dès le lycée, puis à l'université, de 1977 à 1981. « Durant mes études au lycée américain de Beyrouth, j'ai eu des contacts avec des personnes qui appartenaient à des mouvements en faveur de la cause palestinienne. Je me rappelle notamment du *Fatah* de Yasser Arafat et du FPLP de Georges Habache. Sur le campus, tous les partis étaient représentés et les contacts se nouaient assez facilement », confirme-t-il. Youssef El-Khalil veille à limiter son rôle. Il n'a été, dit-il, qu'un sympathisant de la cause palestinienne. « Je lisais régulièrement le journal *Al Hadaf*, l'organe officiel du FPLP. J'ai participé à une ou deux manifestations, mais rien de plus. Puis je suis entré en 1981 à la Banque du Liban, comme économiste. Mon temps s'est partagé entre mon travail et le sport. Je n'ai plus aucun contact aujourd'hui avec les organisations qui militent pour la cause palestinienne », indique-t-il aux policiers.

Tout au long de ces quatre jours d'interrogatoire, l'ancien cadre bancaire finit par en dire un peu plus. Il admet avoir rempli quelques missions, rendu quelques services. Il a été ponctuellement ce qu'on appelle un « porteur de valise ». Dans la tourmente de la guerre civile, il a acheminé des armes et des munitions dans un camp palestinien. En 1986, il a effectué une discrète mission à Chypre. Son rôle était assez subalterne. Il ne faisait qu'accompagner un membre du FPLP à une rencontre avec des clandestins de l'Armée républicaine irlandaise (IRA) en vue d'envisager une coopération entre les deux organisations. Qui connaît-il au sein du FPLP et des autres groupes palestiniens, quels étaient ses contacts, ses chefs ? Pressé de questions, El-Khalil donne des noms, notamment celui de Salim Abou Salem, le fondateur du FPLP-OS, la fameuse branche dissidente du FPLP, suspecté d'avoir perpétré l'attentat contre la rue Copernic. Mais sa garde à vue n'a rien à voir avec cette affaire. En ce mois de mars 1988, ce que souhaitent les interrogateurs de la DST, c'est profiter de la présence dans leur bureau de ce ressortissant libanais pour actualiser leurs dossiers, parfaire leur connaissance des réseaux terroristes moyen-orientaux.

Lorsqu'ils sont venus interpeller Youssef El-Khalil dans son appartement situé sur les hauteurs de Nice, les policiers ont saisi divers documents dont son carnet d'adresses. À l'époque, personne n'utilise d'ordinateur ou d'agenda électronique. Le répertoire est un petit cahier vert cartonné où des dizaines de noms et de numéros de téléphone sont soigneusement inscrits à la main par ordre alphabétique. Qui sont ces gens, d'où Youssef El-Khalil les connaît-il, quelles relations entretient-il avec chacun d'entre eux ? Une grande partie de l'interrogatoire va consister à passer au crible cette liste nominative. Le jeune Libanais se plie à l'exercice. Il considère n'avoir rien à se reprocher et comprend que l'issue de sa garde à vue va dépendre en grande partie de la bonne volonté qu'il mettra à éclairer les enquêteurs.

Les policiers commencent méthodiquement à la lettre A. Au fur et à mesure qu'un nom est prononcé, Youssef El-Khalil égrène ses réponses. « Abou K., c'est un Druze qui travaille à la Banque du Liban, Alin C. est une employée de l'ambassade de France qui est aussi une amie, Ayed K., c'est un ancien du FPLP. Il a quitté l'organisation à cause de la bureaucratie qui y régnait, Bitar Z., c'est un oncle par alliance… ». Arrivés à la lettre « D », les policiers s'arrêtent sur la mention « Hassan & Nawal ». Qui sont ceux-là ? « Le nom de famille est Copty », répond le gardé à vue, « ils sont informaticiens, je les connais de la Banque du Liban. Actuellement, ils habitent aux États-Unis ». Pourquoi alors sont-ils inscrits à la lettre D ? relancent les policiers dont la moindre anomalie éveille la suspicion. Youssef El-Khalil se reprend. « Copty, c'est le nom de la femme. Son mari s'appelle Diab. Hassan Diab. Lui aussi est un ancien collègue de la Banque du Liban », explique-t-il. Sur leur procès-verbal, les enquêteurs soulignent la réticence du jeune homme qui a d'abord avancé le nom de Copty, celui de la femme, avant de lâcher celui de Diab. Il a également tenté, lors d'un précédent interrogatoire, de présenter Hassan Nawal comme un seul et unique personnage. Peut-on mettre cette confusion sur le compte de la fatigue, en raison d'une garde à vue qui s'est prolongée quatre jours durant ? Ou Youssef El-Khalil, craignant de devoir trop en dire, a-t-il essayé d'égarer les enquêteurs en évitant de prononcer un nom qu'il savait compromettant ?

L'économiste libanais finit par donner quelques précisions. Hassan Diab a été l'un de ses très proches amis à Beyrouth dans les années 1980. Les deux hommes se sont connus à la Banque du Liban où Hassan Diab a travaillé un temps après l'université.

Ils habitaient le même quartier et se fréquentaient en dehors du travail, sortaient ensemble pratiquement toutes les semaines. Cette étroite amitié va durer jusqu'en 1986, date du départ du couple Diab-Copty pour les États-Unis. Youssef El-Khalil était membre du Parti des travailleurs socialistes arabes (PTSA), « mouvement qui est la vitrine politique du FPLP au Liban », précise-t-il. L'épouse de Youssef, qui se trouve elle-même en garde à vue, confirme ces informations et ajoute qu'à sa connaissance, Nawal Copty militait également au sein du groupe terroriste palestinien au milieu des années 1970.

Lorsque ces informations sont consignées sur une série de procès-verbaux, le 14 mars 1988, elles ne suscitent aucune réaction des magistrats. Youssef El-Khalil sort libre de sa garde à vue et ne fera l'objet d'aucune poursuite. Il a été auditionné dans le cadre d'une procédure concernant les attentats de Paris de 1986. Il a dit tout ce qu'il savait et les renseignements qu'il a donnés n'ont débouché sur aucune piste tangible. À l'époque, le nom de Hassan Diab n'est pas encore apparu dans le dossier Copernic. Personne ne le recherche ni ne s'intéresse à lui. Son identité est mentionnée en quelques lignes sur la déposition de Youssef El-Khalil, noyée au milieu de dizaines d'autres noms, durant le fastidieux décryptage du carnet d'adresses auquel les policiers de la DST ont procédé. Tous ces renseignements vont sommeiller dans les archives et les ordinateurs du ministère de l'Intérieur.

* * *

Vingt ans plus tard, en février 2008, un commandant de police de la DST dépose sur le bureau du juge Marc Trévidic quelques feuillets jaunis tapés à la machine à écrire : il s'agit de l'ancien témoignage de Youssef El-Khalil. Le magistrat antiterroriste en saisit toute la valeur. Hassan Diab, l'homme qu'il a retrouvé au Canada, aurait donc entretenu des liens avec le groupe palestinien suspecté d'avoir commis l'attentat de la rue Copernic ? Le juge décide de réinterroger le cadre bancaire libanais. Au milieu des années 2000, le pays du Cèdre se remet difficilement de quinze ans d'une guerre civile dévastatrice qui a coûté la vie à deux cent mille personnes. Le régime, sous l'influence de la puissante milice chiite du Hezbollah, n'est pas un modèle de stabilité. Il n'incarne pas non plus la figure achevée d'une démocratie exemplaire. La corruption mine l'économie tout comme la machine étatique. Mais il existe une coopération judiciaire entre Paris et Beyrouth que les enquêteurs vont savoir mettre à profit. Une commission rogatoire internationale est alors lancée.

Le juge Trévidic localise sans grande difficulté Youssef El-Khalil. Après son séjour en France, l'économiste est finalement retourné vivre à Beyrouth où il est devenu directeur des opérations financières de la Banque du Liban. En octobre 2008, c'est un quinquagénaire svelte et grisonnant, en costume cravate, qui accepte d'être réinterrogé, sous le statut de témoin, par un juge d'instruction libanais. L'interrogatoire se fait en arabe. Deux magistrats français et un interprète qui ont effectué le déplacement depuis Paris assistent à cette audition. Youssef El-Khalil est une personnalité honorablement connue au pays du Cèdre. Membre d'une famille influente (son défunt oncle Ali a été député et sept fois ministre), il est désormais proche du mouvement chiite Amal qui se situe au « centre droit » de l'échiquier politique libanais. Il participe à l'action de nombreuses ONG caritatives à dominante économique telle l'Association euro-arabe pour le développement et l'intégration. Sa brillante carrière ne va d'ailleurs pas s'arrêter aux fonctions de cadre dirigeant de la Banque du Liban puisque à l'instar de son oncle, il sera à son tour nommé ministre des Finances en septembre 2021 au sein d'un gouvernement de la dernière chance chargé de sauver un Liban en plein naufrage économique, politique et social.

Pour l'heure, en ce 10 octobre 2008, dans le bureau d'Abderrahim Hammoud, premier juge d'instruction auprès de la cour d'appel de Beyrouth, Youssef El-Khalil confirme sous serment l'essentiel de ses précédentes déclarations. Étudiant, il était sympathisant de la cause palestinienne et proche des courants de gauche au sein de l'Organisation de libération de la Palestine, en particulier du FPLP. Il reconnaît avoir été en contact avec Salim Abou Salem, le chef du FPLP-OS, la branche dissidente suspectée d'avoir commis quelques années plus tard l'attentat de la rue Copernic. Concernant Hassan Diab, il réitère également ses déclarations. Celui qui était à l'époque l'un de ses plus proches amis était bien membre du Parti des travailleurs socialistes arabes, la « vitrine politique » du FPLP sur la scène libanaise. Hassan Diab était-il pour autant membre actif du FPLP ? Le banquier libanais demeure prudent, voire elliptique : « Au travers de mes échanges verbaux avec Hassan Diab, il m'apparaissait en effet qu'il appartenait au FPLP quand bien même je n'ai aucune preuve allant en ce sens. Je ne puis non plus affirmer qu'il a rompu tout lien avec le FPLP suite à son départ aux États-Unis », dit-il.

Youssef El-Khalil poursuit son récit. Il évoque les longues discussions qu'il avait avec son ami. Il se souvient que, dans leurs derniers échanges en 1980, Hassan Diab lui faisait part de ses désillusions. Il critiquait l'évolution de la ligne politique du FPLP, en particulier son rapprochement avec l'organisation palestinienne rivale, le *Fatah* de Yasser Arafat. Les enquêteurs notent ce point avec intérêt. Cette divergence correspond précisément à la ligne de fracture qui a amené à la création de la branche dissidente du FPLP-OS.

Et quand les magistrats l'interrogent sur ce dernier point, le banquier libanais fait une étonnante déclaration : « Lorsque l'attentat de la rue Copernic a eu lieu, je me trouvais au Royaume-Uni. Je ne l'ai appris qu'à mon retour à Beyrouth en feuilletant *Paris Match* où je suis tombé sur le portrait-robot du suspect qui ressemblait à Hassan Diab. » Les magistrats ne manquent pas de réagir et lui demandent des précisions. Youssef El-Khalil raconte alors sa rencontre avec Hassan Diab quelques semaines plus tard : « J'ai discuté des retombées négatives de tels attentats sur la question palestinienne et l'image déplorable qui en est véhiculée dans les médias. C'est sciemment, toutefois, que j'ai évité d'évoquer avec lui la ressemblance qu'il y avait entre lui et le portrait-robot publié dans *Paris Match* car je ne voulais pas me mêler de ce qui ne me regardait pas. » Quelle valeur accorder à un tel témoignage, vingt-huit ans après les faits ? Youssef El-Khalil a-t-il mélangé des souvenirs lointains avec des éléments dont il aurait pris connaissance ultérieurement ? Le juge Trévidic va s'attacher à vérifier autant que faire se peut les déclarations de l'ancien ami de Hassan Diab. Sur un point au moins, sa mémoire ne l'a pas trahi et son récit est cohérent : les enquêteurs consultent les vieilles collections de *Paris Match*. Le numéro 1639 du 24 octobre 1980 a publié effectivement le portrait-robot du mystérieux acheteur de la moto, identifié à l'époque sous le faux nom d'Alexander Panadriyu.

Les magistrats veulent aussi savoir quel a été le sentiment du banquier lorsqu'en 2008, le nom de Hassan Diab a été révélé dans toute la presse internationale, le désignant comme le suspect numéro un. Yousef El-Khalil se cantonne dans une réponse laconique : « Hassan Diab a déclaré au quotidien libanais *Al Safir* qu'il n'avait aucun lien avec l'affaire de l'attentat. Quant à moi, je n'ai aucune déclaration à faire à ce sujet en dehors de ce que j'ai déjà dit. » Ce quasi-mutisme, ce manque évident d'empressement à prendre la défense de son ancien camarade d'université, n'a pas manqué de frapper le juge d'instruction antiterroriste. « Youssef El-Khalil n'a fait aucune déclaration visant à dédouaner Hassan Diab, ne serait-ce qu'en indiquant qu'il était pour lui improbable que son ami, avec lequel il avait à l'époque de l'attentat des relations étroites, ait un lien quelconque avec ceux-ci », souligne le juge Marc Trévidic dans le document de synthèse récapitulant l'ensemble des éléments à charge révélés au cours de l'enquête.

Il est vrai que les relations entre les deux inséparables amis se sont quelque peu distendues au fil du temps. Pas seulement à cause du départ de Hassan Diab et de Nawal Copty pour les États-Unis. Lors de son audition, Youssef El-Khalil explique qu'il a été très « contrarié » par les quatre jours de garde à vue où il a été, se souvient-il, longuement cuisiné par les policiers au sujet de Hassan Diab « et d'autres individus du même acabit ». Cette formule, peu amène, figure sur le procès-verbal d'audition. En 1988, Youssef El-Khalil avait définitivement tourné la page du militantisme trouble de ses années d'études et ambitionnait de mener une carrière respectable en France ou au Liban. Sans nul doute, ce qu'il a appris durant cette garde à vue a ravivé les soupçons que la vision du portrait-robot dans le numéro de *Paris Match* avait éveillés en lui quelques années plus tôt. « J'ai décidé dès mon retour au Liban de prendre petit à petit mes distances avec Hassan Diab », conclut le banquier libanais face au juge Trévidic.

Chapitre 13
Secrets de famille

Lors de la relance de l'enquête, le juge Marc Trévidic découvre que Hassan Diab a de la famille en France. Une famille par alliance, certes, mais assez proche : Pierrette C. est l'ex-belle-sœur du professeur de sociologie d'Ottawa. Cette Française, née en 1948 dans un petit village de la Mayenne, fut mariée plusieurs années avec Mohamed Diab, le frère de Hassan, avant de divorcer. Lorsque les enquêteurs l'identifient en 2009, Pierrette C. vit en région parisienne, à Longjumeau. Tout naturellement, ils décident de l'interroger, comme ils l'ont déjà fait avec tous ceux qui au Liban, au Canada, aux États-Unis ont croisé Hassan Diab sur leur route, afin qu'elle leur dise ce qu'elle sait de son ex-beau-frère et de son passé.

Le 29 décembre 2009, un brigadier de la Direction centrale du renseignement intérieur (DCRI) se présente au domicile de Pierrette C. et lui remet sans plus d'explications une « convocation à témoin ». Une notification similaire sera adressée quelques jours plus tard à Leïla Diab[1], la fille que Pierrette C. a eue avec Mohamed Diab. Leïla est âgée à l'époque de 36 ans. Les deux femmes, qui ne vivent pas ensemble, sont invitées à se présenter dans les semaines qui suivent, le 12 janvier 2010, au siège de la DCRI, le service de police issu de la fusion de la DST et des Renseignements généraux.

Dans le même temps, leurs lignes téléphoniques sont mises sur écoute. Forts de leur expérience professionnelle, les enquêteurs ont dans l'idée que l'ex-belle-sœur et la nièce de Hassan Diab ne resteront pas sans réagir au courrier reçu et qu'il ne serait peut-être pas vain de prêter une oreille attentive à leurs conversations. Le dispositif fonctionne comme prévu. Le jour même de la réception de sa convocation, Pierrette C. appelle sa fille (cette dernière n'a pas encore reçu la sienne et ignore donc qu'elle sera elle aussi appelée à témoigner). L'appel a lieu à la mi-journée. La retranscription de leur conversation va faire l'objet d'un procès-verbal qui sera versé au dossier.

À en juger par leur échange, les deux femmes ont bien compris que les policiers vont les interroger

1. Le prénom a été modifié.

sur Hassan Diab et son implication éventuelle dans l'attentat de la rue Copernic. L'affaire est désormais publique. Un an auparavant, en novembre 2008, un article du *Figaro* a révélé les soupçons pesant sur l'universitaire libano-canadien. Pierrette C. semble déjà sur ses gardes. Elle s'exprime à mots couverts. Elle confie à sa fille son sentiment que sa convocation est liée « aux événements des années 1980 ». Sa fille lui délivre quelques conseils. Là aussi de manière elliptique.

— Ben ils vont te demander s'il était là. Ce qu'il faisait, etc., quoi…

Pierrette C. poursuit. Elle souligne le fait qu'elle et son mari ne se trouvaient pas en France à l'époque de l'attentat.

— Oui, ben oui… Mais de toute façon… Bon, j'ai vu, nous, on était en Guadeloupe à ce moment-là, en Martinique, pardon.

— Ouais. Ben de toute façon, je pense qu'il faut que tu dises que vous n'étiez pas là. Un point c'est tout…

— Ah ben oui. Mais on n'était pas là, répète la mère à sa fille.

— Il ne faut rien dire qui l'implique, insiste la fille.

— Ben nous, de toute façon, nous, on était en Guadeloupe, rabâche Pierrette.

Leïla Diab interrompt à nouveau sa mère. Elle multiplie les directives, en hésitant. Elle pèse ses mots. Elle s'exprime de manière elliptique, comme si elle se méfiait déjà d'être sur écoute.

— Il ne faut même pas que tu dises que… Il ne faut même pas que… Supposer qu'il était là ou là… Faut rien dire !

— Oh ben moi, je ne sais pas. On ne sait pas du tout ce qu'il en était parce qu'on ne savait pas, nous. On ne sait pas du tout. Donc voilà. Ben on ira et puis on n'a rien à dire. On ne sait rien du tout, alors…

On ne peut être que frappé de la teneur et du ton de cette conversation. Tout d'abord, elle relève d'une concertation entre témoins. À ce stade, Leïla Diab ignore qu'elle sera elle aussi convoquée. Ses recommandations pressantes d'en dire le moins possible aux services de police ne sont pas loin d'évoquer le délit de subornation. Bien sûr, on peut plaider la maladresse suscitée par la crainte légitime d'une mère et sa fille, peu au fait des réalités du monde judiciaire, suscitée par une convocation à un interrogatoire.

Leur candeur et leur sincérité auraient-elles pu néanmoins s'exprimer de manière plus simple ? À aucun moment les deux femmes n'évoquent l'innocence de Hassan Diab qui serait à leurs yeux une évidence, ou du moins l'hypothèse la plus probable.

Bien au contraire. Leur préoccupation immédiate semble être celle d'arrêter une stratégie qui leur permette de « ne rien dire qui l'implique », de bâtir un mur du silence autour du passé de leur oncle et ex-beau-frère comme si elles craignaient, en parlant trop, de révéler aux enquêteurs des éléments compromettants.

Leïla Diab correspond aussi par e-mail. Les enquêteurs ont mis sous surveillance son courrier électronique. Le même jour, deux heures après avoir conversé avec sa mère au téléphone, elle envoie un message à Hassan Diab au Canada pour l'informer de la convocation de la police. Le professeur de sociologie répond dans l'après-midi en indiquant quelles sont, selon lui, les précautions à prendre lors de l'interrogatoire pour ne pas tomber dans des questions pièges. Il demande à sa nièce de le tenir informé des développements de la situation. Le lendemain, Leïla lui adresse un nouveau courrier électronique pour lui signaler qu'elle a reçu, à son tour, une convocation de la police. La jeune femme correspond également par écrit avec sa mère. Dans un de ses e-mails, elle fait preuve de la même méfiance qu'au téléphone. « Attention tout est lu y compris nos messages sur Internet, je pense... », met-elle en garde.

Un rendez-vous clandestin dans Paris

Lors de la conversation téléphonique entre Pierrette C. et Leïla Diab, les deux femmes évoquent – à demi-mot – un rendez-vous important avec une certaine Sanaa. Sur un ton quelque peu confidentiel, en évitant de donner trop de détails, Pierrette fait comprendre que la rencontre devrait avoir lieu le jour même ou le lendemain. Elle attend un message de la mystérieuse Sanaa pour confirmer l'horaire. Elle indique même une adresse, au 99 boulevard de Grenelle, dans le 15e arrondissement de Paris.

Compte tenu de l'imminence de ce rendez-vous, une surveillance discrète est immédiatement mise en place devant le domicile de Pierrette C. Dans le même temps, une autre équipe se poste aux alentours du 99 boulevard de Grenelle. Cette grande artère parisienne est parcourue par le viaduc en acier gris du métro aérien. Des policiers se mettent en planque dans le poste central de surveillance de la station La Motte-Picquet Grenelle dont les fenêtres surplombent l'immeuble où la rencontre est supposée avoir lieu. Un deuxième groupe s'est installé derrière les vitres du restaurant *Le Roi du Couscous*, situé de l'autre côté du boulevard. Un troisième groupe est dans une fourgonnette banalisée, stationnée le long du trottoir juste devant la porte d'entrée de l'immeuble du 99 boulevard de Grenelle. Le lendemain de la conversation téléphonique, Pierrette C. sort de chez elle en fin d'après-midi. Elle est immédiatement prise en filature. À 18 heures, elle arrive boulevard de Grenelle. Outre son sac à main, elle porte un sac en plastique qui semble contenir des documents. Elle pousse la porte vitrée et pénètre dans le hall du bâtiment, un building des années 1970 d'une dizaine d'étages à la façade grise et anonyme. À travers la porte vitrée, les policiers la voient appeler sur son téléphone portable. Quelques minutes plus tard, Pierrette C. est rejointe dans le hall par une autre femme de type oriental qui se trouvait déjà dans l'immeuble. Les deux femmes s'embrassent chaleureusement et se dirigent vers les étages. Les policiers ne parviennent pas à localiser l'appartement où, durant plus d'une heure, va se dérouler leur rencontre.

La mystérieuse femme orientale est en revanche rapidement identifiée. Elle est de nationalité libanaise. Elle se nomme Sanaa Mortada. C'est bien à elle que Pierrette C. faisait allusion lorsqu'elle évoquait un rendez-vous urgent, la veille lors de sa conversation téléphonique avec sa fille. S'intéressant de plus près au profil de cette énigmatique voyageuse, les enquêteurs affinent son état civil. Le nom de jeune fille de Sanaa Mortada est Diab. La femme que Pierrette C. a rencontrée en catimini dans un hall parisien est la sœur de Hassan Diab. Sanaa Mortada-Diab est arrivée à Paris par un vol en provenance de Beyrouth six jours auparavant, le 25 décembre 2009. Elle a retenu à son nom une chambre à l'*Hôtel Claret*, boulevard de Bercy. Elle doit quitter Paris pour Chicago le 1er janvier 2010, deux jours après sa rencontre secrète avec Pierrette C. De là, elle va prendre un vol pour Ottawa où réside son frère. Elle a prévu de regagner le Liban quelques jours plus tard par un vol Montréal-Beyrouth.

Les hommes de la DCRI ont l'intuition que la rencontre furtive entre les deux femmes est liée à la procédure contre Hassan Diab qui a démarré quelques mois plus tôt. S'il ne s'agissait que d'une simple visite de courtoisie à son ex-belle-sœur, pourquoi Sanaa Mortada-Diab n'est-elle pas allée prendre le thé chez elle ? Les deux amies auraient pu sortir ensemble, aller faire des courses, s'offrir un moment de détente à une terrasse de café ou un repas au restaurant. Le rendez-vous dans la pénombre d'un hall désert, derrière les portes vitrées d'une barre de béton longeant le métro aérien, ressemble à tout sauf à un moment de convivialité. D'autant que cette rencontre a été visiblement fixée par des moyens détournés, par un message indirect. À aucun moment, Sanaa Mortada n'a appelé Pierrette C. chez elle pour convenir d'un lieu et d'une heure. Que se sont dit les deux femmes ? Quelles consignes se sont-elles transmises ? Quels documents ont-elles échangés ? Les enquêteurs l'ignorent. Mais ils ont dans l'idée que l'escale parisienne de la Libanaise en route pour le Canada n'était pas motivée par un but touristique. Pour les policiers, il ne fait guère de doute que le jeu de piste auquel ils ont assisté visait à déjouer une surveillance redoutée par la famille de Hassan Diab.

Le sentiment des enquêteurs d'avoir affaire à des témoins cherchant à dissimuler la vérité va se confirmer lors de l'audition de Pierrette C. L'ex-belle-sœur de Hassan Diab est donc interrogée sous serment le 12 janvier 2010. Sa tactique va correspondre en tout point à l'attitude arrêtée lors de sa conversation téléphonique avec sa fille : en dire le moins possible. Elle assure tout d'abord ne plus avoir le moindre contact avec Hassan Diab depuis une trentaine d'années, depuis qu'elle a quitté Beyrouth, en 1980, où elle a vécu un temps avec son mari. Elle dit tout ignorer des engagements politiques de son ex-beau-frère. Hassan Diab était à l'époque étudiant et vivait chez ses parents, dit-elle. Elle se souvient que ses examens avaient été annulés « à cause des combats ». Elle ne sait pas ce qu'il a fait ensuite. Elle reste dans le flou sur sa description physique et ses habitudes quotidiennes. « Il était brun, ne portait pas de lunettes à ma connaissance. Il n'avait ni moto, ni voiture à ma connaissance. Mais tout ceci est très loin. Je ne m'en souviens plus. Je ne me souviens plus trop de son caractère », se limite-t-elle à déclarer.

Le lieutenant de police qui l'interroge la laisse abattre ses cartes. Pierrette C. poursuit son récit, lisse et convenu. Après son départ du Liban, elle a séjourné quelques mois en Martinique avec son mari Mohamed et ses enfants, de juillet à décembre 1980. Elle n'était pas en France au moment de l'attentat de la rue Copernic. Quand elle a appris, des années plus tard, à la lecture des journaux que Hassan Diab était suspecté d'en être l'auteur, cela lui a semblé impossible. Le policier lui demande alors si elle a cherché à se renseigner auprès de son ex-belle-famille à Beyrouth. Leur a-t-elle téléphoné, à moins que ce soient ces derniers qui aient pris contact avec elle ? Pierrette répond par la négative. Elle n'a plus aucun contact, répète-t-elle, avec la famille de son ancien mari.

Sans sourciller, le fonctionnaire de police pose une nouvelle question : « Nous avons appris, dit-il d'un air détaché, que Sanaa, la sœur d'Hassan Diab, a effectué il y a quelques semaines un séjour en France. Vous étiez au courant de sa venue, vous l'avez rencontrée ? »

Pierrette C. laisse-t-elle apparaître son trouble ? Le policier demeure impassible et attend sa réponse. « Oui, dit-elle après avoir marqué un temps d'hésitation, j'avais été informée par une de ses nièces que Sanaa devait venir en France. Je ne l'avais pas vue depuis trente ans. C'est pour cela que sa nièce m'a prévenue afin qu'on puisse profiter de l'occasion pour se voir. Mais finalement, elle est restée en vacances chez ses filles qui habitent Grenoble. On devait se voir, mais ça ne s'est pas fait. »

À cet instant, le lieutenant de police a la preuve que Pierrette C. ment. Elle ment sous serment. Il s'agit là d'un faux témoignage. Non seulement Sanaa Diab ne s'est jamais rendue à Grenoble, les enquêteurs l'ont vérifié, mais elle a bien rencontré son ex-belle-sœur à Paris dans les conditions que l'on sait. À partir de ce moment, selon un tempo bien rodé de la technique policière, l'interrogateur va changer de registre et mettre le témoin sous pression. Dans un premier temps, il va laisser entendre que l'audition est terminée. Qu'il n'y a plus qu'à imprimer les procès-verbaux et à les signer. Il va s'absenter quelques minutes de la pièce, en prétextant une ultime vérification – le temps de laisser le témoin « mijoter » – puis revenir, le visage fermé, s'asseoir à son bureau.

Dans ce genre de situation, après que le fonctionnaire de police a de manière bienveillante écouté son interlocuteur et s'est borné à recueillir sa version des faits, voici comment il exploite les failles de sa déposition, le met face à ses contradictions. On peut aisément imaginer le dialogue :

« Madame Pierrette, j'ai un problème avec votre déposition. Vous n'êtes bien sûr que témoin dans cette affaire, personne ne vous accuse de quoi que ce soit. Mais vous devez quand même savoir que vos déclarations engagent votre responsabilité. Il s'agit d'une affaire grave, très grave, touchant au terrorisme, dans laquelle des personnes ont été tuées. Un faux témoignage dans ce type de dossier peut avoir des conséquences très lourdes pour vous et votre famille. Il est encore temps, si vous le souhaitez, de rectifier certaines informations avant de signer le procès-verbal. »

Si le témoin ne réagit pas ou fait semblant de ne pas comprendre, le policier met les points sur les « i ».

« Vous vous doutez bien qu'en dehors de ce bureau, il y a des enquêteurs qui font leur travail sur le terrain. Sans trahir de secrets, je peux vous donner quelques précisions sur les renseignements qu'ils ont glanés. Je crois savoir qu'ils se sont intéressés de très près au séjour de Sanaa Diab en France. Elle est d'ailleurs venue à Paris. Hein, elle n'est pas allée à Grenoble ? Je ne cherche pas à vous piéger, puisque c'est moi qui vous ai dit que nous étions au courant de son voyage. Nous avons surveillé ses allées et venues. Et nous savons qui elle a rencontré. Je ne veux absolument pas vous forcer à dire des choses que vous n'avez pas faites. Mais si vous avez eu récemment des contacts avec votre ancienne belle-sœur, ce serait mieux que cela figure sur le procès-verbal avant que vous ne le signiez. Ce n'est pas un délit de rencontrer un membre de sa famille, même dans un hall d'immeuble. Elle-même n'est accusée de rien. En revanche, tenter de dissimuler la vérité lors d'un témoignage, dans le cadre d'une affaire pénale, ça risque de compliquer les choses. »

Bien entendu, ce genre de conseil formulé par le lieutenant de police ne figure pas dans le procès-verbal d'audition. Il constitue ce que l'on appelle la zone grise de l'interrogatoire. Une fois que Pierrette C. se rend à l'évidence et accepte de compléter sa déposition, cela se résume pour l'essentiel à cette formule laconique figurant sur le P-V : « J'ai réfléchi et je voudrais revenir sur certaines de mes déclarations. Tout à l'heure, au sujet de Sanaa, en fait, je l'ai bien rencontrée à Paris. Nous nous sommes vues la semaine entre Noël et le Jour de l'an. Je confirme que c'est sa nièce Farah qui m'a appelée pour me dire qu'elle serait sur Paris et qu'elle souhaitait me rencontrer. »

Pierrette C. n'en dira guère plus. Elle admet certes avoir fait part à son ex-belle-sœur de sa convocation devant les services de police reçue la veille mais elle jure ses grands dieux que leur rencontre était totalement anodine et qu'elles n'ont « pas vraiment » parlé de l'attentat de la rue Copernic. De quoi ont-elles discuté, alors ? De la pluie et du beau temps, assure-t-elle, elles ont évoqué les souvenirs communs, les bons moments passés ensemble. Qu'y avait-il dans le sac en plastique qu'elle tenait à la main en arrivant sur place ? Elle explique avoir remis des photos de ses enfants à Sanaa pour qu'elle les remette à Hassan Diab, à Ottawa. Dans son résumé des éléments de preuve, le juge Marc Trévidic s'étonne un peu de cette remise de souvenirs de famille destinés à un ex-beau-frère avec lequel le témoin prétend avoir perdu tout contact depuis trente ans. Il est en tout cas établi que Sanaa Diab s'est bien rendue au Canada pour aller voir son frère, souligne le magistrat qui conclut : « Rien dans les explications de Pierrette C. ne permet de comprendre pour quelle raison Sanaa Diab a voulu la rencontrer, ni pour quelle raison Pierrette C. a tout d'abord fait le choix de mentir sous serment au sujet de cette rencontre. »

Chapitre 14
La mémoire de Philippe Gruselle

Philippe Gruselle est l'une des rares personnes ayant croisé sur leur route le poseur présumé de la bombe. Il est le vigile du magasin *Inno* de Montparnasse qui, quelques jours avant l'attentat de la rue Copernic, a interpellé le faux touriste chypriote porteur d'un passeport au nom d'Alexander Panadriyu, sortant du supermarché sans avoir réglé son achat. Le larcin était modeste – une pince coupante d'une valeur de quelques dizaines de francs – mais l'incident a permis, dès le démarrage de l'enquête, de confirmer que ce client indélicat est le même homme qui a acheté la moto sur laquelle la bombe a été placée.

Vingt ans plus tard, lorsque le nom de Hassan Diab est apparu dans la procédure, les enquêteurs ont tenté de retrouver tous les témoins qui avaient aperçu Alexander Panadriyu à l'automne 1980. Les vendeurs du magasin où a été achetée la moto, les employés de la réception de l'*Hôtel Celtic* où le suspect est descendu, la prostituée qui a partagé son intimité dans la chambre 110, les policiers qui, après son interpellation à la sortie du supermarché de Montparnasse, l'ont conduit au commissariat et procédé à son audition.

L'idée de réinterroger ces témoins est venue aux enquêteurs lorsqu'ils ont localisé Hassan Diab au Canada et, surtout, lorsqu'ils ont disposé de plusieurs photos d'identité de ce dernier datant des années 1980. Ces clichés ont été collectés dans les dossiers universitaires de l'étudiant beyrouthin. Il y a aussi la photo du fameux passeport libanais de Hassan Diab récupéré dans les archives de la police italienne. Au total, neuf photographies montrant de manière précise les différentes physionomies que pouvait présenter le professeur de sociologie d'Ottawa à l'époque de l'attentat. Présentait-il quelques similitudes avec l'homme prétendant s'appeler Alexander Panadriyu ? C'est ce que souhaitaient déterminer les enquêteurs.

Mais tout cela a pris du temps. Et le temps, dans un combat judiciaire, n'est pas le meilleur allié.

Lorsque les policiers retrouvent la trace d'Angela Calabri, la prostituée de l'*Hôtel Celtic* est décédée. Chez les témoins encore en vie, les souvenirs se sont en grande partie estompés. Les réceptionnistes et le veilleur de nuit de l'hôtel, les vendeurs de la moto n'ont pas gardé de souvenirs précis du visage de l'homme qu'ils ont brièvement croisé en octobre 1980. Ils ne sont pas en mesure de le reconnaître sur les photos qu'on leur présente. Les anciens policiers du commissariat de Montparnasse ne peuvent rien dire de plus que ce qu'ils avaient déjà déclaré à l'époque. Dans le va-et-vient incessant du poste de police, ils n'avaient guère de raison de prêter une attention particulière à ce voleur de broutille. Le fonctionnaire chargé de recueillir la déposition du touriste penaud, pris la main dans le sac, s'était surtout concentré sur le clavier de sa machine à écrire tandis que l'autre, la tête baissée, reconnaissait les faits et assurait être disposé à dédommager le magasin.

Le seul témoin qui a gardé des souvenirs précis de l'événement est Philippe Gruselle, le vigile posté à la sortie du supermarché. Trente ans plus tard, son nouveau témoignage va s'avérer décisif. Le 10 mars 2010, les hommes de la brigade criminelle de la préfecture de police de Paris procèdent à l'audition de l'ancien vigile qu'ils ont retrouvé. Il vit en province, il a 67 ans, il est retraité. Il raconte à nouveau la scène telle qu'il l'a vécue sans omettre aucun détail. Les policiers qui disposent des procès-verbaux de ces précédentes déclarations peuvent vérifier que sa mémoire n'est pas défaillante, que son récit n'a pas varié et qu'il ne cherche pas à l'enjoliver.

Philippe Gruselle raconte qu'après avoir interpellé le voleur de la pince coupante, il lui a demandé de le suivre au bureau de surveillance. Ce dernier a fait mine d'obtempérer puis a tenté de s'enfuir en le bousculant et en le projetant contre une vitrine du rayon bijouterie qui s'est brisée sous la violence du choc. Le surveillant du magasin s'en est tiré avec des égratignures qui lui ont tout de même valu quelques jours d'arrêt de travail. Des collègues l'ont aidé à maîtriser le client récalcitrant en attendant l'arrivée du car de police secours. Le vigile est monté avec lui dans le fourgon. Il a eu tout le loisir de le dévisager longuement durant le trajet ainsi qu'au commissariat où les deux hommes ont été confrontés.

Le retraité indique qu'il se souvient encore parfaitement de l'apparence et du visage de l'homme porteur du passeport au nom d'Alexander Panadriyu. Trente ans après ? insistent les enquêteurs. Philippe Gruselle explique qu'il a été marqué par l'incident car c'était la première fois qu'il était « blessé en service ». Les hommes de la brigade criminelle lui demandent tout d'abord de le décrire de mémoire : l'ex-vigile évoque un jeune homme mince, aux cheveux châtain-blond mi-longs, légèrement ondulés, le visage fin, triangulaire. Il portait des lunettes de vue dont il décrit la forme sans se tromper. Les policiers peuvent constater que sa mémoire ne l'a pas trahi et que ses souvenirs sont encore vivaces.

Puis l'on présente un album à Philippe Gruselle. C'est le moment clé de sa déposition. L'album comporte 33 photos de 18 hommes différents. Certains individus y apparaissent donc plusieurs fois. Étant donné l'ancienneté des faits, il ne lui est pas demandé s'il reconnaît de manière formelle qui que ce soit mais d'indiquer plus simplement si certains visages lui rappellent le voleur de la pince coupante. L'ancien agent de sécurité fait défiler lentement les pages et se concentre sur les clichés. À sept reprises, il pointe du doigt une photo en indiquant : « C'est lui. » Les photos qu'il désigne ne sont pas regroupées au même endroit. Toutes ces photos sont bien celles de Hassan Diab dans les années 1980. À aucun moment Philippe Gruselle ne désigne par erreur quelqu'un d'autre. Il convient de préciser qu'il laisse de côté les deux derniers clichés de Hassan Diab présents dans l'album sans les signaler aux enquêteurs. Mais cela n'hypothèque en rien, ni sa sincérité, ni la pertinence de la démonstration : l'homme qui le 27 septembre 1980 a vu les yeux dans les yeux l'auteur présumé de l'attentat de la rue Copernic vient de l'identifier – à sept reprises – avec Hassan Diab.

Compte tenu du caractère déterminant de la déposition de Philippe Gruselle, j'ai personnellement cherché à entrer en contact avec lui dans le courant de l'année 2015. À l'époque, la perspective d'un procès en cours d'assises, au cours duquel Hassan Diab aurait été contraint de comparaître et de s'expliquer, se rapprochait. Dès que j'ai eu connaissance des nouveaux éléments fournis par Philippe Gruselle à la brigade criminelle, j'ai eu le sentiment que l'ancien vigile d'*Inno* Montparnasse était l'un des témoins importants du dossier. Je souhaitais lui proposer de réaliser une interview qui aurait pu être diffusée au moment d'un éventuel procès.

Je disposais de son état civil et d'une ancienne adresse à Paris, dans le 14e arrondissement. Il n'y habitait plus depuis longtemps. Ni le gardien, ni les occupants de l'immeuble n'étaient en mesure de donner le moindre renseignement le concernant. Pendant des mois, je l'ai cherché à travers toute la France. J'ai appelé au téléphone tous les Philippe Gruselle trouvés dans l'annuaire. Il y en avait une bonne dizaine. Tous ceux avec qui je suis parvenu à entrer en contact m'ont poliment répondu par la négative. Leurs lieux et leurs dates de naissance ne correspondaient d'ailleurs pas à l'homme que je cherchais. Puis j'ai élargi mes investigations en appelant tous les Gruselle localisés autour de son village de naissance, dans l'Aisne. La démarche s'est avérée plus productive. Je suis tombé sur l'un de ses cousins éloignés. Il a eu l'obligeance de feuilleter un vieil agenda papier dans lequel il a retrouvé les coordonnées téléphoniques de ce parent qu'il avait perdu de vue depuis des années mais dont il savait qu'il s'était établi en Bretagne, dans les Côtes-d'Armor. J'ai tenté de le joindre à plusieurs reprises. Le téléphone sonnait dans le vide. Lors d'une ultime tentative, une voix de femme m'a répondu. Elle était la veuve de Philippe Gruselle. Elle m'a informé que son mari était décédé de maladie quelques mois plus tôt. Ainsi se délite une partie du dossier de l'attentat de la rue Copernic. Comme dans toutes les affaires-fleuves, les souvenirs s'estompent et les témoins disparaissent.

Plus de quarante ans après l'attentat de la rue Copernic, un procès doit – enfin – se tenir devant la cour d'assises spéciale de Paris début avril 2023. Grâce à l'acharnement d'une poignée de magistrats et malgré la pusillanimité de quelques autres. Grâce à d'inespérés rebondissements et malgré les atermoiements des responsables politiques. Grâce à la pugnacité de ceux qui n'ont jamais lâché l'affaire et malgré la volonté de ceux qui, pour d'obscures raisons, auraient préféré que le dossier soit définitivement relégué aux oubliettes. Mais Philippe Gruselle ne viendra jamais témoigner au procès. Il ne pourra plus confirmer aux magistrats ses déclarations faites aux policiers de la brigade criminelle. Il ne pourra plus répondre aux questions des avocats de la partie civile, aux objections de ceux de la défense. Il faudra se contenter de la seule lecture de ses déclarations inscrites sur des procès-verbaux. Cela n'a pas le même poids, même si leur contenu constitue une lourde charge dans le dossier.

Chapitre 15
L'extradition

Un temps, la nasse a semblé se refermer sur Hassan Diab. Le 15 novembre 2014, le professeur de sociologie d'Ottawa est extradé du Canada, huit ans, presque jour pour jour, après que le juge parisien Marc Trévidic a lancé à son encontre un mandat d'arrêt international. À l'issue de ce très long délai de réflexion, la justice et les autorités canadiennes ont estimé que les charges recueillies par les enquêteurs français étaient suffisamment sérieuses pour justifier l'extradition de l'universitaire. Dès son arrivée à Paris, Hassan Diab est conduit sous bonne escorte dans le bureau du juge d'instruction pour un rapide et très formel interrogatoire de première comparution. Le juge Trévidic vérifie tout d'abord son identité puis l'informe des faits qui lui sont reprochés. Le magistrat lui notifie également quels seront ses droits tout au long de l'instruction. Comme tout justiciable, il bénéficie du droit de se taire et de ne pas répondre aux questions. C'est l'option que choisit Hassan Diab. « Je préfère garder le silence », indique-t-il au magistrat. Au préalable, il a pu s'entretenir avec Me Stéphane Bonifassi, l'avocat parisien qu'il a désigné pour assurer sa défense.

Placé en détention préventive, mis en examen pour assassinats en relation avec une entreprise terroriste, le Libano-Canadien va s'enfermer dans son mutisme durant de longs mois. Il affirme être innocent du crime dont on l'accuse mais manifeste un refus total de coopérer avec la justice et de répondre à la moindre question. Une attitude pour le moins contradictoire et difficile à tenir. Si, comme il le prétend, il n'est en rien impliqué dans l'attentat de la rue Copernic, s'il est victime, comme il le dit, d'une erreur sur la personne basée sur une homonymie, s'il n'est pas le bon Hassan Diab, celui que recherche la DST depuis 1999, que risque-t-il à s'expliquer devant un juge d'instruction pour démontrer sa bonne foi ? Si ce n'est pas lui, pourquoi ne déploie-t-il pas toute son énergie – celle de l'innocence – pour convaincre les magistrats qu'ils se trompent ? Pourquoi ne commence-t-il pas tout simplement par raconter sa vie, son itinéraire afin de démontrer qu'il n'était pas à Paris en octobre 1980 et faire litière des accusations formulées contre lui ?

Certes, les faits sont anciens, et les souvenirs s'estompent. Mais on ne lui demande pas d'apporter la preuve parfaite de son innocence. Dans cette affaire, nul n'exige de l'ancien étudiant beyrouthin qu'il justifie de son emploi du temps à trente-quatre ans de distance, au jour et à l'heure près. Il ne prendrait pas grand risque à répondre aux questions des enquêteurs afin que ceux-ci puissent apprécier sa bonne foi, la pertinence de ses arguments et le cas échéant abandonner les poursuites. La stratégie du silence lors d'une instruction, de surcroît dans une affaire criminelle, même si elle constitue un droit, est naturellement interprétée par les juges comme une volonté de dissimuler les faits et d'empêcher les enquêteurs de parvenir à établir la vérité. Cette attitude est rarement choisie par ceux qui n'ont rien à se reprocher.

Après quatorze mois passés derrière les barreaux, Hassan Diab va changer d'avis. En janvier 2016, il informe le magistrat instructeur qu'il a décidé de s'expliquer et qu'il est prêt à répondre aux questions. Entre-temps, il a changé d'avocat. C'est désormais Me William Bourdon, un pénaliste parisien réputé, qui a repris le dossier. Le juge d'instruction a aussi changé. À son grand regret, Marc Trévidic a dû quitter le pôle antiterroriste en vertu d'une règle de turn-over qui interdit à un magistrat de rester trop longtemps dans certaines juridictions spécialisées. Ce sont désormais les juges Jean-Marc Herbaut et Richard Folzer qui sont en charge de l'affaire.

Ils vont enfin pouvoir entendre la version des faits du professeur de sociologie. À partir de cette date, Hassan Diab va être régulièrement extrait de sa cellule et longuement interrogé par le juge Herbaut qui reprend avec lui tout le déroulé de l'enquête.

Le magistrat s'enquiert tout d'abord des raisons de son revirement et s'étonne de sa volonté de parler après plus d'un an muré dans son silence. Qu'est-ce qui l'a amené à changer son système de défense ? Hassan Diab justifie son mutisme par les « différences culturelles et juridiques » entre les systèmes français et anglo-saxons. Il explique benoîtement qu'il a suivi les conseils de ses avocats canadiens qui lui ont recommandé de ne pas parler à son arrivée en France mais que depuis son incarcération il a eu « l'occasion de se familiariser avec le système juridique français en lisant des livres ». Pour le reste, l'universitaire libano-canadien réaffirme son innocence. Il n'a rien à voir, jure-t-il, avec l'attentat de la rue Copernic qu'il qualifie lui-même « d'acte haineux et sauvage ».

Passé ces remarques préliminaires, Hassan Diab commence à raconter sa vie. Il est le quatrième enfant d'une modeste famille libanaise chiite. Son père tenait un petit commerce de tissus dans le sud de Beyrouth. Il n'est pas palestinien, précise-t-il. Il raconte son adolescence, ses années d'étudiant à l'université et sa rencontre avec Nawal Copty.

Il a quitté le Liban à cause de la guerre civile. Il n'a jamais fait de politique. Il n'a jamais appartenu à aucune organisation. Il détaille ses pérégrinations qui l'on conduit aux États-Unis puis au Canada. Le juge l'interroge sur les autres séjours touristiques qu'il a effectués à l'étranger. Hassan Diab indique avoir passé à plusieurs reprises des vacances dans les années 1980 en Grèce, à Chypre, en Yougoslavie, en Égypte. Les magistrats lui demandent de préciser les dates. Ces détails peuvent paraître futiles, ils auront leur importance dans la suite de l'interrogatoire. Il dit aussi avoir visité la France en 1975 et en 1977 et n'y être jamais retourné depuis.

Hassan Diab n'est bien sûr pas venu dans le bureau des juges antiterroristes pour évoquer ses souvenirs d'enfance et raconter ses vacances. Au fil de l'interrogatoire, les questions se font plus précises. Le magistrat instructeur veut tout d'abord savoir où il était, et ce qu'il faisait, le jour de l'attentat de la rue Copernic, le 3 octobre 1980, si tant est qu'on puisse à trente-six ans de distance faire ainsi appel à sa mémoire. Le professeur de sociologie, qui a eu le temps de réfléchir dans sa cellule et de consulter le dossier, dit s'en souvenir. « J'étais à Beyrouth, affirme-t-il. Je préparais, ou je passais, mes examens universitaires.

— Vous les prépariez ou vous les passiez ? relance le juge Herbaut, un rien interloqué. »

Hassan Diab demeure dans le flou. Il rappelle que le Liban était à l'époque ravagé par la guerre civile et que les combats étaient quotidiens à Beyrouth. Théoriquement, les examens étaient censés se tenir chaque année au mois de juillet. Mais à cause du conflit, ils avaient souvent lieu en retard, « entre septembre et novembre », indique-t-il. Le juge insiste et lui suggère d'être plus précis : « Pourriez-vous produire un témoignage ou un document attestant de votre présence à l'université à la date des faits, début octobre ? » Hassan Diab rétorque que ces documents figurent déjà au dossier. Il y a tout d'abord deux formulaires d'inscription en seconde année de licence datés du 30 octobre 1980, preuve selon lui qu'il a bien passé ses examens quelques semaines auparavant. Puis une lettre du directeur de l'université, en date du 12 novembre 1980, accordant un prix aux étudiants les plus méritants pour leurs recherches effectuées dans la période 1979-1980. « Mon nom arrive en neuvième position », souligne-t-il.

Sur cette question de dates, on n'en saura guère plus. Sans mettre en cause *a priori* la sincérité du Libano-Canadien, on conçoit avec difficulté en quoi ces documents attestent de sa présence à Beyrouth le 3 octobre 1980. Les enquêteurs se sont eux-mêmes tournés vers les autorités libanaises et l'administration de l'université de Beyrouth où Hassan Diab était étudiant. Compte tenu de l'anarchie qui régnait au Liban durant la guerre civile, il n'a pas été possible de savoir quand se sont déroulées les épreuves de sociologie pour l'année universitaire 1979-1980. Aucune archive ne semble avoir été conservée. Pas le moindre document, bordereau ou récépissé. Hassan Diab, lui, n'en démord pas et maintient qu'il était au Liban. Il dit même avoir un souvenir précis – « un point de repère », selon ses propres termes – qui lui permet de l'affirmer. « Je me souviens très bien avoir accompagné à l'aéroport de Beyrouth ma compagne Nawal Copty et son père qui prenaient l'avion pour l'Angleterre. C'était le 26 ou le 27 septembre », déclare-t-il dans sa déposition. Cette date n'est pas anodine. Le 27 septembre 1980, c'est le jour où le poseur présumé de la bombe, porteur du faux passeport chypriote au nom d'Alexander Panadriyu, a été interpellé dans un magasin de Montparnasse, à Paris. Prouver qu'il était ce jour-là au Liban et non en France, c'est démontrer la faiblesse de l'enquête. Seulement voilà, il n'existe pas plus de traces de cet accompagnement familial à l'aéroport de Beyrouth qu'il n'en subsiste de ses examens universitaires. Où était-il début octobre 1980 ? Malgré les nombreux indices, charges et témoignages qui le localisent à Paris, Hassan Diab affirme qu'il était au Liban et demande à être cru sur parole.

Le juge Herbaut l'interroge aussi sur l'attentat contre la synagogue d'Anvers, en Belgique, commis un an plus tard, le 20 octobre 1981. Une camionnette piégée avait explosé devant l'édifice religieux tuant trois personnes et en blessant plus d'une centaine. Hassan Diab est pareillement suspecté d'y avoir participé en raison de la fameuse saisie de son passeport à l'aéroport de Rome, quelques jours avant l'attentat. « Êtes-vous impliqué dans cet attentat ? Où vous trouviez-vous ce jour-là ? » lui demande le juge. Hassan Diab assure à nouveau qu'il n'est impliqué ni de près ni de loin dans cet attentat. « Le 20 octobre 1981, je me trouvais au Liban, préparant une nouvelle fois mes examens », dit-il. À l'appui de ses dénégations, il attire l'attention du magistrat sur deux documents figurant déjà dans le volumineux dossier d'instruction. Il s'agit d'un formulaire d'inscription aux examens universitaires, signé de l'étudiant libanais, daté du 17 septembre 1981. L'autre pièce est la proclamation des résultats, où son nom apparaît, daté du 8 décembre de la même année. Tout cela demeure bien fragile et, une fois de plus, ne démontre rien. Ces documents ne donnent aucune indication sur l'emploi du temps de Hassan Diab dans les jours qui ont précédé et suivi l'attentat d'Anvers.

Chapitre 16
Questions sans réponses

L'interrogatoire va ensuite porter sur le cheminement tortueux du passeport libanais de Hassan Diab saisi à Rome en 1981 et retrouvé dans les archives de la police italienne. Ce document, on le sait, constitue l'une des principales pièces à conviction du dossier d'accusation. Il semble indiquer une proximité à l'époque – ou tout du moins une connexion – entre l'étudiant de la fac de Beyrouth et le FPLP-OS. Le magistrat instructeur aimerait comprendre comment ce passeport s'est mystérieusement retrouvé dans l'attaché-case d'un des responsables de l'organisation terroriste lors du vol Beyrouth-Rome du 8 octobre 1981. Les nombreux tampons et visas témoignent aussi de voyages qui correspondent aux itinéraires supposés des groupes ayant perpétré les attentats contre les synagogues de Paris et d'Anvers.

À ces interrogations, le professeur de sociologie d'Ottawa a une réponse : il maintient la version qu'il avait déjà donnée aux policiers de la Sûreté générale libanaise, lors de sa déclaration de perte en 1983. Il affirme avoir perdu son passeport. Mais il indique cette fois une date différente. Il fait remonter la perte au mois de septembre 1980. Alors qu'il circulait à moto dans Beyrouth, sa sacoche en cuir contenant toutes ses affaires serait tombée du porte-bagage arrière sur lequel il l'avait fixée. J'ignore, dit-il, dans quelles mains ce passeport s'est ensuite retrouvé et qui en aurait fait un usage frauduleux.

Cette version a l'avantage, du point de vue de la défense, de dispenser Hassan Diab de fournir plus d'explications sur les tampons et visas figurant sur son passeport à partir de la mi-septembre 1980. Ce sont les voyages les plus gênants pour lui, ceux qui suscitent le plus de questions et nourrissent le plus de suspicion à son encontre. Il y a en particulier ce passage par l'Espagne. Le porteur du passeport a atterri à Madrid-Barajas quelques jours avant l'attentat de la rue Copernic. Il a redécollé par le même aéroport quelques jours après. « Je n'ai jamais fait ce voyage », assure-t-il devant le juge d'instruction. Qui donc alors a déposé le passeport le 17 septembre 1980 à l'ambassade d'Espagne à Beyrouth pour qu'un visa y soit apposé ? Ce n'est pas moi, répond Diab. Qui donc s'est rendu en Espagne avec ce passeport le 20 septembre 1980, ainsi qu'un tampon d'entrée en atteste ? Je n'en sais rien, dit-il. Qui a quitté l'Espagne le 7 octobre 1980, quatre jours après l'explosion de la bombe devant la synagogue de la rue Copernic, toujours avec le même document de voyage ? Le prof de socio se cantonne dans ses dénégations et maintient qu'il avait perdu sa sacoche quelques jours auparavant. En conséquence, ce n'est pas lui non plus qui a sollicité un visa yougoslave en avril 1981, qui a embarqué sur le vol Beyrouth-Rome du 8 octobre 1981. Il ne connaît pas Ahmed Ben Mohamed, le responsable du FPLP-OS, sur qui a été trouvé son passeport à l'arrivée. « Je n'ai absolument aucune idée de la manière dont cet homme s'est retrouvé en possession de mon passeport », assure Hassan Diab dans sa déposition.

Le juge Herbaut semble ne pas vouloir se contenter de ce récit qui n'est bâti sur aucun élément vérifiable. « On a le sentiment que vous adaptez vos explications à ce qui vous est reproché », lâche-t-il à l'homme qui, de l'autre côté de son bureau, prétend être victime d'une erreur judiciaire. Le magistrat met en exergue les contradictions et incohérences qui résultent de sa version. Parmi les anomalies déjà relevées en son temps par le juge Marc Trévidic, il y a le fait que la photo du passeport n'a pas été changée. L'usurpateur anonyme n'aurait donc pas jugé indispensable de procéder à cette modification avant d'utiliser ce passeport dans le cadre d'opérations clandestines ? L'homme qui se serait fait passer pour Hassan Diab aurait voyagé à plusieurs reprises avec une photo qui n'était pas la sienne sans crainte de se faire démasquer et interpeller ? Ce voyageur frauduleux aurait en outre sollicité des visas auprès de plusieurs consulats étrangers sans craindre que le véritable propriétaire du document en ait déclaré officiellement la perte ?

À cet égard, Jean-Marc Herbaut s'étonne que Hassan Diab ait quelque peu tardé à faire une déclaration de perte en bonne et due forme. Ce n'est que le 17 mai 1983, soit près de trois années après la perte alléguée (et plus d'un an et demi après l'épisode de l'aéroport de Rome), qu'il s'est présenté à la Sûreté générale libanaise afin d'effectuer les formalités nécessaires à la délivrance d'un nouveau passeport. Un délai tout de même très long pour un habitué des voyages. Hassan Diab répond au magistrat qu'il n'a pas réalisé tout de suite la perte de son précieux sésame. « J'étais surtout affecté par la disparition du sac, qui était un cadeau de ma compagne Nawal. Je ne me suis pas soucié du contenu, d'autant que j'étais en période d'examen. C'est en préparant un nouveau séjour en Grèce que j'ai constaté sa disparition », explique-t-il.

Mais il y a un hic dans ce récit, et que le magistrat instructeur lui fait remarquer. Lorsqu'il s'est présenté tardivement à la Sûreté générale libanaise, le 17 mai 1983, il a été longuement interrogé sur les circonstances de la perte de son document de voyage. (Dès 1981, la police libanaise, saisie par Interpol, avait cherché à recueillir les explications de Hassan Diab sur la saisie de son passeport à l'aéroport de Rome. À l'époque, le jeune homme était demeuré introuvable. Sa famille avait indiqué qu'il avait quitté le Liban et qu'on ne savait pas où le joindre.) Le fonctionnaire libanais a profité de sa présence pour l'interroger sur cette sombre affaire dont la trace figure toujours à son dossier. Hassan Diab a déjà fourni l'explication qu'il donnera au magistrat parisien trente-trois ans plus tard : celle d'un sac de cuir mal fixé sur le porte-bagage de sa moto qui serait tombé sur la route, lors d'un trajet entre la fac de Beyrouth et son domicile. À un détail près : dans sa première version, il a indiqué au policier libanais que cet incident s'était produit en avril 1981, et non en septembre 1980, comme il l'affirme aujourd'hui ! Cette différence de date est essentielle. S'il avait toujours son passeport au printemps 1981, c'est donc bien lui qui s'est rendu en Espagne l'année précédente, entre la fin septembre et le début octobre 1980, au moment de l'attentat de la rue Copernic. Hassan Diab a toujours nié avoir effectué ce voyage à Madrid.

Hassan Diab dans l'esquive

En réponse à ces interrogations, le professeur de sociologie ne donne pas vraiment d'explication satisfaisante. Il tourne autour du pot, pinaille et ergote. Il reconnaît s'être rendu à la Sûreté générale libanaise, mais il n'est pas certain que c'était le 17 mai 1983. Il n'est pas sûr non plus y être allé spontanément pour effectuer une demande de passeport. Il croit se souvenir que c'est plutôt le policier qui l'a convoqué « pour éclaircir un point »... Toujours pas de réponse à la question précise du juge Herbaut. Hassan Diab ajoute qu'on ne lui a pas fait signer de procès-verbal et que le fonctionnaire de la Sûreté générale s'est contenté de rédiger un compte-rendu à l'issue de l'audition. Mais qu'a-t-il déclaré en définitive au policier ? L'universitaire admet qu'il y a bien « des choses exactes » dans ce compte-rendu : ses vacances en Grèce, les circonstances de la perte de la sacoche...

Tout cela, le policier ne peut pas l'avoir inventé. Hassan Diab jure ses grands dieux qu'il n'a jamais situé l'épisode de la perte de sa sacoche en avril 1981, mais bien en septembre 1980. Il avance la thèse d'un quiproquo linguistique : le policier aurait mal compris. En arabe libanais, explique-t-il au juge, « oublié » se dit « nissien » et « avril » se prononce

« nissen ». « J'émets l'hypothèse que j'ai dit au policier que j'avais oublié la date de la perte du passeport et qu'il a compris que je l'avais perdu en avril... ». Si l'on suit Hassan Diab dans son raisonnement, lorsqu'on l'interroge en 1983, il a oublié la date de la perte de son passeport, mais il s'en souvient parfaitement lorsque, trente-six ans plus tard, on lui pose à nouveau la question. L'hypothèse d'une mauvaise compréhension de ses propos par le fonctionnaire de la Sûreté générale libanaise ne résout pas non plus l'incertitude concernant l'année. Pourquoi ce policier libanais qui comprend mal l'arabe a-t-il entendu « 1981 » et pas « 1980 » ? Hassan Diab ne formule aucune explication sur ce point.

L'interrogatoire se poursuit. Le juge Herbaut lui rappelle que son nom figure dans plusieurs rapports de la DST le désignant comme le principal suspect de l'attentat de la rue Copernic. « Comment expliquez-vous votre mise en cause dans ces rapports successifs si, comme vous l'affirmez, vous n'avez rien à voir avec les mouvements palestiniens ni avec les personnes citées dans ces rapports ? » lui demande-t-il. « Ils émanent tous de services de renseignement », répond Diab pour qui cette provenance est une raison suffisante de mettre en cause leur fiabilité. « Je veux réitérer que je suis innocent, que je n'ai jamais appartenu à aucune organisation palestinienne. Je ne suis pas palestinien », martèle l'universitaire. Le juge du pôle antiterroriste insiste et précise sa pensée : « Vous n'avez pas tout à fait répondu à notre question. On aurait pu imaginer si vous aviez fréquenté ces organisations ou ces gens, qu'un témoin ou un informateur en tire des déductions hâtives et vous prête un rôle que vous n'avez pas eu. Mais vous affirmez que vous n'avez jamais fréquenté ces organisations et ces gens. Comment se fait-il dans ces conditions que votre nom soit sorti du chapeau ? » interroge le magistrat.

Le professeur de sociologie réitère son explication d'une erreur d'homonymie et souligne que son nom est extrêmement courant. Il précise qu'il y aurait 45 000 Hassan Diab répertoriés sur Google. « Lorsque j'enseignais à l'université américaine de Beyrouth, entre 1996 et 1999, nous étions quatre professeurs à nous appeler Hassan Diab. L'un d'entre eux est même devenu ministre puis chef du gouvernement libanais… ». Tout cela est vrai, mais les enquêteurs ont le sentiment de ne pas avoir fait erreur sur la personne. Le juge Herbaut lui rappelle que de nombreux anciens camarades d'université ont confirmé les liens qu'il entretenait dans les années 1980 avec le FPLP. Hassan Diab nie en bloc et balaye ces témoignages d'un revers de la main.

À ce sujet, un détail assez ancien continue de faire douter le magistrat antiterroriste de la sincérité de son interlocuteur. En octobre 2007, lorsque le juge

Trévidic a lancé un mandat d'arrêt international contre Hassan Diab, un journaliste du *Figaro*, Jean Chichizola, s'est précipité à Ottawa afin de rencontrer cet homme dont le nom venait d'être rendu public dans le dossier Copernic. Jean Chichizola a été ainsi le seul journaliste français à obtenir une interview de l'universitaire avant que ce dernier décide de ne plus s'exprimer dans la presse. Au cours de cet entretien, publié dans *Le Figaro* le 24 octobre 2007, le professeur de sociologie affirme ne pas se souvenir avec précision des différentes factions présentes à Beyrouth durant ces années de guerre civile, en particulier du FPLP. Répondant aux questions du reporter, il évoque en hésitant « un FP... quelque chose », comme pour mieux exprimer son ignorance du sujet. Un rien suspicieux, et pas vraiment convaincu par cette approximation, le journaliste souligne dans son article que Hassan Diab n'est tout de même pas un perdreau de l'année et qu'il y a quelques raisons de supposer qu'il n'ignore rien des différents acteurs de la scène libanaise. À l'appui de cette intuition, Jean Chichizola rappelle que Hassan Diab est revenu au Liban entre 1996 et 1999 pour y enseigner la sociologie. À l'occasion de ce retour au pays du Cèdre, il a publié un ouvrage intitulé *Beyrouth : revivre le passé libanais*. Dans cet essai, teinté de marxisme, l'universitaire se proposait d'analyser les tensions sociales et politiques ayant agité le Liban depuis les années 1960. Jean Chichizola, qui mentionne la publication de ce livre dans son article, conclut : « L'ouvrage confirme que le suspect est un fin connaisseur de la société libanaise. Ce qui rend encore plus étrange son manque de connaissance sur le "FP… quelque chose". »

Partageant, des années après, l'étonnement du journaliste, le juge d'instruction revient sur cette contradiction et invite son interlocuteur à l'éclaircir. Hassan Diab formule la réponse suivante, d'une portée très générale, mais qui ne dissipe en rien les interrogations des magistrats : « Je connais la société libanaise, je suis au fait des questions sociales, économiques, politiques, religieuses et régionales du Liban. Bien sûr, les connaissances que j'ai acquises dans les années 1990 sont beaucoup plus larges que celles que j'avais dans les années 1970. Et si je devais faire une analyse aujourd'hui de la situation, elle serait très différente de l'analyse que je faisais à l'époque. »

En réalité, Hassan Diab paraît s'être emmêlé dans les époques. À supposer qu'il n'ait jamais entendu parler du FPLP lorsqu'il était étudiant à Beyrouth, c'est vingt-cinq ans plus tard, en octobre 2007, qu'il reçoit le journaliste français à Ottawa. Or, même si l'on accepte de le suivre dans son raisonnement, à cette date, il a eu d'autant plus le loisir de se documenter sur l'histoire récente du Liban qu'il a publié un livre sur le sujet. Voilà sans doute pourquoi cette hésitation appuyée lorsqu'il a cité le « FP… quelque chose » a paru suffisamment étrange au journaliste pour qu'il la mentionne dans son article. C'est sans doute pour la même raison que le magistrat instructeur s'est demandé s'il ne s'agissait pas d'une « feinte » tentée lors de l'interview et qu'il a jugé nécessaire de réinterroger le suspect sur ce point.

Durant ces trois journées d'interrogatoire, Hassan Diab réfute une à une les charges retenues contre lui. La ressemblance frappante du portrait-robot avec ses photos d'identité de l'époque retrouvées par les enquêteurs ? Il ne partage pas cette impression. Philippe Gruselle, le vigile du magasin de Montparnasse qui l'a reconnu comme étant le voleur de la pince coupante ? Il conteste les conditions dans lesquelles les policiers ont présenté l'album photo à ce témoin clé. Youssef El-Khalil, l'un de ses plus proches amis à l'époque à Beyrouth, qui atteste de son appartenance au FPLP ou à des organisations satellites ? « C'est faux », assure Diab qui échafaude des hypothèses pour expliquer ce témoignage malveillant. « J'ignore quels sentiments négatifs Youssef El-Khalil nourrit à mon encontre. Peut-être est-ce lié à la liaison que j'ai eue avec sa sœur… ? » avance-t-il devant le juge. Ce dernier lui fait remarquer que le témoignage de son ami libanais date de 1988 et que l'aventure amoureuse que Hassan Diab a vécue avec sa sœur n'est survenue que des années plus tard.

Les liens avec Fatima Faour

L'universitaire est également interrogé sur ses relations avec Fatima « Faten » Faour, son ancienne camarade de l'université de Beyrouth, ayant émigré quelques années avant lui au Canada et qui s'était portée garante lorsque Hassan Diab avait entamé des démarches pour le renouvellement de son passeport canadien. Il affirme qu'il ne la fréquentait pas au Liban. « Je maintiens qu'à l'époque de nos études à l'université libanaise, je ne la connaissais quasiment pas. Je me rappelle vaguement l'avoir croisée dans le building de l'université », dit-il. Il ne se rappelle pas l'avoir vue en cours même si Fatima Faour avait fini par admettre lors de son interrogatoire se souvenir avoir assisté à des cours en sa présence. L'ancien étudiant beyrouthin concède avoir « passé des examens ensemble » avec Fatima. « Mais nous n'étions pas amis », insiste-t-il. Pourquoi alors a-t-il désigné celle que la DST considère être une ancienne militante du FPLP parmi les deux personnes de son entourage vivant au Canada et pouvant attester de son identité ? Pourquoi avoir précisé sur les documents qu'il connaissait Fatima « depuis vingt ans » ? « Tout cela nous donne le sentiment que vous la connaissez en réalité beaucoup mieux que vous voulez ne le dire », relève le juge. Hassan Diab maintient sa version. « En 2004, dit-il, il m'a fallu indiquer le nom de deux garants. Je connaissais beaucoup de gens aux États-Unis mais pas au Canada. J'ai cherché dans mes relations. J'ai pensé à elle. J'ai cherché son numéro de téléphone. Je l'ai appelée et lui ai demandé l'autorisation de mentionner son nom comme garant. »

Autre question du magistrat : « Êtes-vous étonné par les informations des services de renseignement français qui présentent Fatima Faour comme une activiste propalestinienne très engagée dans des mouvements terroristes responsables d'attentats meurtriers ? » Hassan Diab se dit effectivement « très étonné ». On lui donne connaissance du témoignage de Bassam Haidar, l'ami de Fatima originaire du même village qui la désigne comme une militante chevronnée du FPLP. Il met en cause la sincérité du témoignage, estime qu'il y a « quelque chose qui ne colle pas ». Quoi donc ? Hassan Diab s'éloigne dans un développement incertain sur la guerre civile libanaise. « Bassam Haidar a affirmé dans son récit avoir participé à la défense de son village contre l'armée syrienne. Je sais que les forces syriennes n'avaient pas le droit de s'approcher de ce village et se trouvaient à cinquante kilomètres de là », avance-t-il.

En 2006, deux ans après avoir sollicité Fatima Faour pour une simple formalité administrative, Hassan Diab effectue un séjour touristique en sa compagnie dans la station balnéaire de Varadero, à Cuba. Les enquêteurs ont retrouvé la trace de ce voyage. Jean-Marc Herbaut manifeste son étonnement, teinté de suspicion. Il trouve un peu curieux que le professeur de sociologie parte ainsi en voyage d'agrément avec une personne qui habite à deux cents kilomètres de chez lui et qu'il affirme à peine connaître. « Cuba est une destination très habituelle pour les Canadiens », répond Hassan Diab en guise d'explication.

En octobre 2010, Fatima Faour avait elle-même été interrogée par un magistrat québécois. Elle avait démenti son appartenance au FPLP et était restée très en évasive sur ses relations avec Hassan Diab. Six ans plus tard, le juge parisien donne lecture à Hassan Diab de la déposition de la jeune femme et conclut : « L'audition de Fatima Faour donne le sentiment désagréable qu'elle a été minutieusement préparée en concertation avec vous. Qu'en pensez-vous ? » Le professeur de sociologie réfute toute collusion. « Je ne savais même pas qu'elle avait été entendue », affirme-t-il.

Chapitre 17
Confidences à la bibliothèque

Alors que Hassan Diab se trouve incarcéré en France, un nouveau témoin se manifeste. Au printemps 2016, Belinda Fuller, une Américaine habitant à Chicago, prend contact avec le FBI. C'est une quinquagénaire à la vie tranquille et sans histoire. Consultante en marketing, elle a créé une petite entreprise de conception de sites web. Si elle a éprouvé le besoin de se manifester, c'est qu'un lointain souvenir la taraude. Belinda était étudiante en sociologie à l'université de Syracuse entre 1990 et 1993. Elle y a fait la connaissance de Hassan Diab et a sympathisé avec lui. La jeune fille et l'enseignant de vingt ans son aîné ont entretenu une brève liaison amoureuse qui n'a duré que quelques semaines. C'est dans le cadre de cette relation qu'elle se souvient d'une confidence que lui a faite Hassan Diab. Il lui aurait raconté sur un ton équivoque « avoir fait exploser une voiture » dans le passé. Cette confession a eu lieu, dit-elle, lors d'une discussion privée dans la bibliothèque située au troisième étage du bâtiment de sociologie qui sert de salle d'études commune aux étudiants et aux professeurs. Pour quelle raison l'universitaire libanais s'est-il livré à un tel épanchement ?

S'agissait-il d'une imprudente bravade destinée à impressionner et séduire la jeune américaine ? Un quart de siècle plus tard, Belinda Fuller se souvient encore qu'elle a promptement interrompu son interlocuteur avant qu'il ne livre plus amples détails. Lorsqu'elle se remémore la scène au mois de juillet 2016, auditionnée dans un bureau de l'imposant Dirksen Federal Building, sur la South Dearborn Street de Chicago, l'agent du FBI chargé de recueillir sa déposition note de lui-même le geste qui accompagne le récit de la jeune femme. Elle agite les deux mains, pour signifier son refus d'en savoir plus. « Par ce geste, Fuller faisait en sorte d'empêcher Diab d'en dire davantage. Fuller ne voulait rien savoir au sujet d'une voiture qui avait explosé. Fuller a supposé que Diab relatait une expérience au Liban car c'est là-bas qu'il habitait, mais elle n'en savait rien puisque Diab n'en a plus jamais parlé », résume l'agent du FBI sur le procès-verbal de déposition.

Quand les magistrats français en charge de l'enquête sont informés par leurs homologues américains de l'existence de Belinda Fuller et de son témoignage, ils estiment nécessaire de l'interroger à leur tour.

Son audition par visioconférence entre le Palais de justice de Paris et le tribunal de Chicago a lieu à deux reprises, le 4 septembre et le 7 novembre 2016. C'est le juge français Jean-Marc Herbaut, en charge du dossier depuis le départ du juge Marc Trévidic du pôle antiterroriste, qui conduit l'entretien en présence d'un greffier et d'un interprète.

Pourquoi Belinda Fuller a-t-elle attendu autant d'années avant de se manifester ? s'enquiert tout d'abord le juge d'instruction. « Lorsqu'on a appris qu'un ancien professeur de l'université de Syracuse était accusé d'avoir perpétré un attentat terroriste, un mouvement de solidarité s'est formé au sein de ses anciens étudiants, indique-t-elle. Tous nos amis communs étaient persuadés de son innocence, de ce fait, je doutais de mes propres souvenirs. J'ai beaucoup hésité, car j'avais peur de me tromper », explique l'ex-étudiante pour justifier son silence et son absence de réaction. La pression du groupe a fait le reste. Belinda a gardé le silence. Elle se souvient que c'est un ami, Toby Ewing, habitant à Sacramento en Californie, qui l'a informée de l'implication dans le dossier Copernic de leur ancien prof de sociologie. « Toby était persuadé que Hassan était persécuté injustement. Moi j'étais d'un avis différent. J'ai tout de suite pensé que Hassan était coupable en raison de choses qui s'étaient passées lorsque nous étions ensemble », confie-t-elle, lors de la visioconférence.

Le magistrat français lui demande des précisions. Il veut comprendre sur quels éléments tangibles reposent ses soupçons. Belinda raconte qu'elle a fait « des recherches » qui ont renforcé son intuition. Elle a lu tout ce qui avait été publié sur Hassan Diab, sur sa vie, sur son itinéraire de Beyrouth à Ottawa. Elle a pris connaissance des rares déclarations que le suspect a faites. Elle a alors, dit-elle, mesuré le décalage entre l'homme décrit par la presse et celui qui l'avait courtisée vingt ans plus tôt à l'université de Syracuse. Elle a décelé des « anomalies » entre les différentes versions de son parcours. Elle a le sentiment que Hassan Diab lui a menti, sur son mariage avec sa première épouse, sur ses relations de couple, sur son âge. « Je me disais que s'il mentait sur cela, peut-être trompait-il aussi tout le monde », déclare aux juges la quinquagénaire.

Les mensonges d'un séducteur, le manque de franchise avec les femmes manifesté par cet homme au passé trouble, n'en font pas pour autant un terroriste. Ce qui intéresse avant tout les juges français et qui a motivé cette audition, c'est l'épisode concernant « l'explosion d'une voiture ». Quand, dans quelles circonstances, Hassan Diab se serait-il livré à pareille confidence ? A-t-il donné des précisions, de lieu, de date à la jeune étudiante ?

Belinda Fuller poursuit son récit. C'était en 1991, lors de sa deuxième année à l'université. Elle a peu à peu sympathisé avec cet enseignant qu'elle avait croisé dans les couloirs et à la bibliothèque. « Nous sommes devenus amis au cours du premier semestre. Je savais que c'était un homme marié, se souvient l'Américaine. Au second semestre, nous nous sommes encore rapprochés. Nous passions beaucoup de temps dans cet espace d'étude que nous partagions. » Un après-midi, la discussion en vient par hasard au conflit israélo-arabe. L'étudiante raconte qu'un de ses amis palestiniens dont les papiers n'étaient pas en règle vient de se faire interpeller par la police. Hassan Diab évoque alors les persécutions dont sont victimes selon lui les Palestiniens. « Toute la soirée nous avons eu une discussion sur l'occupation de la Palestine. La conversation était passionnée. Il était vraiment hostile à l'occupation israélienne, mais c'était aussi mon cas. J'avais été sensibilisée par mon ami palestinien à leur situation. Nous étions tous les deux d'accord sur ce point. » Le dialogue prend un tour plus intime. L'enseignant glisse au passage que son épouse est elle-même palestinienne. Il s'épanche sur les relations à l'intérieur de son couple. Indique à la jeune étudiante que son mariage est « bidon » et qu'il n'a épousé sa femme que pour d'obscures raisons liées à leur départ mouvementé du Liban. Il relate quelques souvenirs de sa vie à Beyrouth… « Soudainement, il m'a dit d'un ton très naturel : "J'ai fait exploser une voiture." » L'ex-étudiante poursuit le récit de la scène devant le magistrat français :

« Je l'ai coupé tout de suite. J'étais très choquée en entendant cela, j'ai même pleuré. J'étais tellement choquée que je n'ai pas voulu poser de questions. Je ne voulais plus en entendre parler. »

« Comment avez-vous interprété ce que vous disait Hassan Diab ? Avez-vous cru à une plaisanterie de sa part ou au contraire vous est-il apparu sérieux ? » relance le juge Herbaut. « Je pense qu'il était très sérieux à ce sujet. Je lui avais expliqué ma situation. Mes opinions. Je l'avais mis en confiance », répond Belinda Fuller qui ne dissimule pas l'ambivalence des sentiments qu'elle nourrissait alors à l'égard de Hassan Diab. Ce jour-là, dans la salle d'études de l'université de Syracuse, c'est bien un flirt poussé qui unissait l'universitaire et la jeune étudiante. « Il voulait surtout coucher avec moi », indique Belinda au juge parisien. Elle ajoute : « Je dois vous dire que ce soir-là, mon opinion sur lui a commencé à changer. J'ai même commencé à avoir un peu peur de lui. C'est très gênant pour moi de vous dire cela, car j'aurais dû interrompre tout de suite notre relation, mais dans le même temps j'avais envie de la continuer. »

Partagée par ces sentiments contradictoires, Belinda Fuller cède le soir même aux avances de Hassan Diab. L'étudiante et le professeur de sociologie deviennent amants. Leur liaison ne durera que quelques semaines. « Nous nous connaissions depuis plus d'un an. Nous flirtions ensemble depuis un mois. Jusqu'à présent, je ne voulais pas avoir de relations avec lui car je le croyais marié. Ce soir-là, il s'est passé quelque chose d'assez fort entre nous », convient-elle. Une dernière fois, avant de clore son audition, les magistrats tentent d'obtenir le plus de précisions possibles afin de déterminer où, quand et dans quelles circonstances Hassan Diab aurait pu procéder à l'explosion d'un véhicule. Lors de leurs échanges, jamais le professeur de sociologie n'a évoqué avec l'étudiante une quelconque appartenance à une organisation politique et encore moins à un groupe armé au Liban. Elle ne se souvient pas de l'avoir jamais entendu parler du FPLP. Il ne lui a jamais relaté avoir participé activement à la guerre civile libanaise. À un détail près : il lui aurait confié avoir quitté le Liban à la suite d'une fusillade visant sa voiture à l'intérieur de laquelle il se trouvait avec son épouse. Mais il ne s'est jamais étendu sur cet épisode. Interrogé par les magistrats parisiens, quelques mois plus tôt, Hassan Diab a assuré n'avoir jamais été mêlé à la moindre action militaire durant ses années libanaises.

Pourrait-il s'agir alors d'une voiture ayant explosé sur le sol européen, lors d'un attentat ? Les magistrats songent bien sûr à celui de la rue Copernic. Belinda Fuller n'en sait rien. Hassan Diab n'a jamais évoqué devant elle – ou même fait allusion – à l'attentat contre la synagogue parisienne. La première fois qu'elle en a entendu parler, c'est lorsque le nom de son ancien professeur de sociologie a été publié dans la presse américaine. La seule certitude de l'ex-étudiante, c'est que Hassan Diab lui a bien parlé d'une voiture, en lui faisant cette confidence. Or, c'est une moto, sur laquelle était fixée la bombe, qui a explosé en octobre 1980 devant la synagogue. Le juge d'instruction parisien vérifie et insiste sur ce point. « Confirmez-vous que Hassan Diab a parlé d'une voiture et non d'une moto ? » Belinda se déclare « certaine » que son ami a bien parlé d'une voiture et non d'un deux-roues. Ce détail est-il de nature à invalider son témoignage et à exonérer le Libano-Canadien des soupçons qui pèsent sur lui ? Pas tout à fait. Le tentaculaire dossier d'instruction ne se limite pas au seul attentat de la rue Copernic. Les enquêteurs ont relevé les similitudes entre l'explosion devant la synagogue parisienne, en octobre 1980, et l'attentat, un an plus tard, le 20 octobre 1981 devant une synagogue d'Anvers en Belgique qui a fait trois morts et des centaines de blessés. Même façon de procéder, même explosif, mêmes méthodes clandestines utilisées par le commando pour entrer et sortir du pays. Comme l'enquête l'a établi, le passeport libanais de Hassan Diab saisi à l'aéroport de Rome en octobre 1981, quelques jours avant l'attentat d'Anvers, constitue un indice très sérieux qui pourrait impliquer le professeur de sociologie dans cette action terroriste en Belgique. Or, à Anvers, c'est une voiture qui a explosé. Une fourgonnette van, pour être précis. Les juges d'instruction qui se sont succédé dans le dossier n'ont pas manqué d'établir un parallèle entre les deux attentats, même si Hassan Diab ne peut plus aujourd'hui être poursuivi pour celui d'Anvers. Moins opiniâtres que leurs homologues français, les magistrats belges ont fini par classer l'enquête. Les faits sont aujourd'hui prescrits au regard de la justice belge et européenne.

Une chose est sûre. Belinda Fuller n'est pas une mythomane et n'a pas inventé ses souvenirs de toutes pièces. À la fin de la procédure, Hassan Diab a été invité à réagir à son témoignage et à donner sa version des faits. Il confirme avoir eu une liaison à l'époque avec la jeune étudiante qui n'a duré que trois semaines, ce qui corrobore au moins sur ce point le récit de l'Américaine. Il conteste en revanche catégoriquement lui avoir confessé une quelconque implication dans l'explosion d'une voiture. « Pour quelle raison alors, selon vous, s'est-elle manifestée des années après auprès du FBI et de la justice française ? » lui demande le juge Herbaut. Hassan Diab se garde tout de même de traiter son ancienne amie de menteuse et demeure dans l'expectative. Il ignore, dit-il, ce qui a pu pousser l'ex-étudiante à forger un tel récit. « Peut-être, suggère-t-il, a-t-elle mal interprété un récit que je lui aurais fait de la guerre civile libanaise. » Quel récit ? Relatif à quel épisode dans lequel l'étudiant libanais aurait été impliqué ou dont il aurait été le témoin ? La mémoire de Hassan Diab est sur ce point muette et ne lui permettra pas d'éclairer plus avant le magistrat.

Chapitre 18
Nawal Copty décide de témoigner

Nawal Copty aussi a changé d'avis. L'ex-épouse de Hassan Diab a finalement accepté de témoigner en sa faveur. Au printemps 2016, celle qui, huit ans auparavant dans le bureau du procureur de San Francisco, se prévalait de son droit au silence en invoquant le cinquième amendement de la Constitution des États-Unis informe les magistrats français qu'elle est disposée à traverser l'Atlantique pour venir jusqu'à Paris et répondre à leurs questions. Au matin du 20 avril, Nawal Copty fait son entrée dans le bureau du juge antiterroriste Jean-Marc Herbaut. Malgré sa voix frêle, cette femme brune, au visage volontaire, s'exprime avec assurance. Elle est venue seule. Elle n'a pas jugé nécessaire d'être accompagnée d'un avocat comme elle l'avait fait en 2008 lors de sa convocation par la justice américaine. Elle affirme n'avoir rien à cacher, vouloir dire tout ce qu'elle sait afin que l'innocence de son ex-mari soit établie.

Pourquoi alors avoir attendu autant d'années, pourquoi avoir refusé de parler au début de l'affaire, alors que Hassan Diab n'avait pas encore été extradé ? s'enquiert le juge. Il aurait été sans doute plus simple de mettre hors de cause le professeur de sociologie en novembre 2008, lorsqu'il se trouvait encore au Canada, relève-t-il. À cette interrogation, Nawal Copty a une explication. La même que celle invoquée par Hassan Diab lorsque le magistrat lui a demandé pourquoi il s'était dans un premier temps muré dans son silence : « Je regrette de ne pas avoir répondu aux questions à l'époque, dit-elle. Ce n'était pas mon idée, mais celle de mon avocat américain. Il a pris connaissance du dossier, et m'a conseillé de me retrancher derrière le cinquième amendement. J'étais très choquée et désorientée. Je ne suis pas sûre d'avoir compris ce que m'expliquait le procureur américain. J'avais mon avocat à mes côtés et j'ai suivi ses conseils. Par la suite je me suis rendu compte que ce n'était pas une bonne idée, que cela n'était pas productif. »

Comme c'est l'usage, Nawal Copty raconte tout d'abord sa vie, depuis son enfance. Elle est âgée de 58 ans, elle est née à Bagdad de parents palestiniens chrétiens qui ont ensuite gagné Beyrouth. Elle est issue d'une famille aisée. Au Liban, son père travaillait pour une société américaine. Elle est aujourd'hui ingénieure informatique en Californie où elle a refait sa vie avec un Américain qu'elle a épousé. Elle a la nationalité libanaise, américaine et canadienne. Ses parents ont également émigré au Canada et habitent à Toronto. Nawal raconte ensuite comment elle a fait la connaissance de Hassan Diab à l'université américaine de Beyrouth. Elle se souvient du groupe d'amis qu'ils formaient avec Youssef El-Khalil et d'autres étudiants. Sa liaison amoureuse avec Hassan Diab remonte à l'année 1979. Puis elle est partie étudier pendant deux ans en Angleterre, tout en restant en contact avec lui. Durant ces deux années, elle est revenue fréquemment au Liban, notamment pour voir son amoureux. En 1987, elle a quitté le Liban pour le États-Unis avec Hassan Diab. Ils se sont mariés et ont vécu à Syracuse jusqu'à leur divorce en 1993. Le juge la questionne sur les raisons de ce divorce. « Il y avait trop de disputes entre nous. Avec le recul, je me dis que ces disputes étaient motivées par des raisons futiles », explique-t-elle en évoquant de banales querelles ménagères.

Le magistrat l'interroge sur la personnalité de Hassan Diab, sur ce qu'elle sait de lui, de ses idées et de ses engagements. « Appartenait-il à une organisation politique, à un groupe ou à une association, était-il militant en faveur d'une cause quelconque ? » lui demande le juge Jean-Marc Herbaut. Nawal Copty répond par la négative et dresse un portrait très lisse de son ex-conjoint. « Il n'était membre d'aucun parti, il n'était ni militant ni activiste. Simplement, il suivait l'actualité à travers la radio et les journaux. Il détestait le fait qu'il y ait des tueries et la guerre au Liban », dit-elle. Sur ses options idéologiques, elle ajoute : « Il n'avait pas d'idées politiques bien ancrées. Je dirais qu'il n'aimait pas les partis politiques. Si je devais le situer sur l'échiquier, je dirais qu'il était plutôt de centre gauche. » Le juge d'instruction veut aussi connaître le positionnement de Hassan Diab à l'égard d'Israël et de la cause palestinienne.

« Comme tout un chacun dans la région, il était concerné par le conflit israélo-palestinien. Il avait certes de la sympathie pour les Palestiniens, mais il n'avait pas de position extrémiste », répond-elle. Le magistrat souligne à l'adresse de Nawal Copty qu'elle est elle-même d'origine palestinienne. Il la questionne sur sa vision du conflit avec les Israéliens. « La question palestinienne était-elle source de discussions entre vous et Hassan Diab ? » demande-t-il. Son ex-épouse répond à nouveau par des considérations générales : « Je ne me souviens pas d'avoir eu avec lui des discussions très poussées sur le sujet. J'avais de la sympathie pour les Palestiniens. Je tiens à vous dire que mes parents, même s'ils ont quitté la Palestine, ne nous ont jamais élevés dans une optique politique. Ils ont juste cherché à nous donner une bonne éducation et une bonne formation pour que nous ayons une vie heureuse. Nous ne considérions pas les Israéliens comme des ennemis, nous souhaitions simplement que les deux peuples puissent coexister pacifiquement. »

Même si elles ont leur importance, ces premières questions ne sont que des préliminaires. L'interrogatoire va ensuite se concentrer sur un point plus crucial : les liens supposés de Hassan Diab avec le FPLP, qui ont été rapportés par de nombreux témoins. Le juge Jean-Marc Herbaut indique à Nawal Copty que, selon des informations transmises en 1999 par les services de renseignement allemands, l'attentat aurait été commis par une branche dissidente du FPLP et que ces mêmes informations désignent nommément Hassan Diab comme étant le poseur de la bombe qui a explosé rue Copernic. « J'ai déjà entendu parler du FPLP de Georges Habache dans la presse, mais je ne connais personne qui appartient à cette organisation. À ma connaissance, Hassan Diab n'avait aucun lien avec cette organisation », répond Nawal Copty qui précise qu'elle n'a jamais non plus entendu parler de la branche dissidente FPLP-OS.

— Ces renseignements visent bien votre ex-mari, comment les expliquez-vous ? Comment expliquez-vous en particulier que quelqu'un qui n'a jamais exprimé d'opinions extrémistes, ni même politiquement engagées, soit ainsi désigné par des renseignements convergents, demande benoîtement le magistrat.

— Je n'ai pas d'explication, dit-elle. Ces renseignements sont faux. Il ne se serait jamais impliqué dans un tel crime car c'est contre tout ce à quoi il croit. Je n'ai aucune idée de la raison pour laquelle ces renseignements le mettent en cause.

Patiemment, méthodiquement, le magistrat abat ses cartes. Il présente à Nawal Copty les nombreux témoignages qui incriminent son ex-mari. À commencer par celui de Youssef El-Khalil qui a affirmé que Hassan Diab était membre du Parti des travailleurs socialistes arabes, la « vitrine politique » du FPLP au Liban. « Ces allégations sont-elles exactes ? demande le juge.

— Je ne me souviens pas d'avoir entendu parler du Parti des travailleurs socialistes arabes. Je connais très bien Hassan Diab et à ma connaissance il n'était engagé dans aucun parti de ce genre. Concernant Youssef El-Khalil, il ne me semblait pas politiquement engagé. En tout cas je ne sais rien de ses engagements politiques, répond Nawal Copty.

Manifestement décidé à pousser le témoin dans ses contradictions, le juge Herbaut relève :

« Cela prouve au moins que vous jugez très mal les gens. Vous nous dites que vous ne connaissiez aucun engagement politique à Youssef El-Khalil. Or, lors de ses deux dépositions, il a reconnu lui-même avoir fréquenté étroitement des terroristes responsables d'attentats sanglants et de s'être personnellement impliqué dans des livraisons d'armes. Qu'en dites-vous ? »

Nawal Copty bat quelque peu en retraite. Elle se déclare « très choquée » en apprenant ces éléments du passé de Youssef El-Khalil :

« Je veux tout de même préciser que je le connais comme un ami, mais je ne le connais pas très bien », ajoute-t-elle à propos de celui qu'elle décrivait en début d'audition comme l'un de ses plus proches amis au sein du groupe de jeunes étudiants qu'ils formaient à Beyrouth dans les années 1980.

Le juge d'instruction ne relâche pas la pression. Il rappelle au témoin que Sana Salhab, l'épouse de Youssef El-Khalil, elle-même entendue en garde à vue, a indiqué aux enquêteurs que Hassan Diab était un militant très actif du FPLP dans les années 1980 à Beyrouth. Il précise à Nawal Copty qu'elle a été elle-même désignée par Sana Salhab comme une ex-militante du groupe terroriste palestinien.

— C'est faux, je ne sais pas pourquoi elle a déclaré cela, rétorque Nawal Copty.

Le juge Herbaut ne semble qu'à moitié convaincu par ces dénégations. Il insiste :

« Ne trouvez-vous pas troublant que Youssef El-Khalil et son épouse Sana Salhab, entendus tous deux séparément, disent la même chose à propos de Hassan Diab. Qu'il faisait partie du FPLP comme eux, sachant qu'ils le connaissaient très bien puisque vous avez vous-même reconnu qu'ils faisaient partie de vos plus proches amis à l'époque ?

— Ce que dit Sana est faux. Je n'ai pas appartenu au FPLP. Ce sont des propos sans fondement », rétorque l'ex-épouse de Hassan Diab sans plus argumenter.

— Pour quelles raisons se mettraient-ils ainsi en cause et vous mettraient-ils en cause si ce n'était pas vrai ? s'interroge à nouveau le juge.

— C'est une bonne question. Je ne sais pas. Youssef El-Khalil n'a aucune preuve de ce qu'il avance, rétorque-t-elle.

Chaque fois que le magistrat cite un témoignage accréditant l'appartenance de Hassan Diab au FPLP, Nawal Copty manifeste son étonnement, affirme n'en rien savoir et se cantonne dans des dénégations de principe. Le juge Herbaut la questionne sur Fatima Faour, l'ancienne activiste du FPLP, blessée lors de combats à Beyrouth, émigrée elle aussi au Canada. Il rappelle que Hassan Diab l'avait désignée comme « garante » sur un dossier administratif canadien. Qu'il était aussi parti avec elle en vacances à Cuba. « Cela vous étonne-t-il ? » demande-t-il à

Nawal Copty. « Oui absolument, cela me surprend », dit-elle.

Imperturbable, le juge continue d'égrener les témoignages recueillis au cours de l'enquête : un journaliste français – partisan de la thèse de l'innocence de Hassan Diab – a contacté des sources libanaises dans le cadre de cette affaire. Auditionné comme témoin, ce journaliste a confié qu'il avait lui-même recueilli à Beyrouth des informations sur l'appartenance de Hassan Diab à un « groupuscule d'extrême gauche proche du FPLP » durant la guerre civile. « Comment expliquez-vous ce témoignage ? » demande encore une fois le juge.

Nawal Copty n'apporte pas d'explication très éclairante mais se lance dans un vibrant plaidoyer en faveur de son ex-époux.

— Ce n'est pas le Hassan que je connais. Le Hassan que je connais était un étudiant sérieux. Nous passions beaucoup de temps ensemble, la plupart du temps sur la plage à faire des exercices pendant notre temps libre. Je ne connais pas le Hassan dont vous parlez. Hassan Diab n'est pas quelqu'un d'extrémiste, il ne s'impliquerait jamais dans des actions terroristes. Lorsque nous étions étudiants au Liban, la politique avait beaucoup d'importance. Les gens avaient des points de vue variés sur ce qui se passait dans la région. Nous étions mélangés à l'université avec beaucoup de personnes dont certaines avaient des points de vue politiques différents. Si certaines de ces personnes étaient membres du FPLP, je ne le savais pas et cela ne fait pas de moi ou de Hassan des membres du FPLP.

À propos de « l'étudiant sérieux », le juge Jean-Marc Herbaut relève un détail, certes ténu, mais qui suscite sa perplexité. Hassan Diab est âgé de plus de cinq ans que son ex-épouse. Ils ont suivi peu ou prou le même cursus universitaire, mais Hassan Diab l'a terminé trois ans après Nawal Copty. « Autrement dit, il y a huit ans de décalage dans vos études respectives. Comment expliquez-vous ces huit ans de retard par rapport à vous qu'avait Hassan Diab ? » se hasarde le magistrat parisien qui formule cette question avec une idée précise. Des études universitaires tardives sans justifier d'une activité professionnelle, plusieurs années « blanches » dans un CV, sont parfois le signe de l'appartenance active à une organisation clandestine, en particulier si ce trou dans l'emploi du temps correspond aux années troubles d'un pays comme le Liban.

L'ex-épouse de Hassan Diab n'a pas d'explication non plus. Elle a vécu de nombreuses années avec lui mais dit ne pas connaître sa vie d'avant leur rencontre. « J'ai connu Hassan en 1979, à l'époque où il commençait l'université, et à partir du moment où je l'ai connu, je peux dire que c'était un étudiant sérieux, indique-t-elle. Je ne sais pas ce qui s'est passé avant. Peut-être travaillait-il pour son père ? Je ne sais pas s'il pouvait fréquenter l'école durant la guerre civile. Pour ma part, je vois les choses un peu différemment de vous. Généralement les étudiants commencent leurs études universitaires vers 21 ans, Hassan a commencé vers 25 ans. Il y a un retard c'est vrai, mais il ne me semble pas aussi important que vous le dites. »

Nawal Copty n'est pas venue de Californie pour se cantonner à ces réponses très générales. Elle affirme être en mesure de donner un alibi à son ex-époux le mettant hors de cause dans l'attentat de la rue Copernic. « Je me souviens d'être partie pour la première fois en Angleterre le 28 septembre 1980. Mon père est venu avec moi. Nous avons pris tous deux l'avion à l'aéroport de Beyrouth et c'est Hassan Diab qui nous a déposés à l'aéroport en conduisant la voiture familiale », déclare-t-elle solennellement durant son audition. Pour étayer ses affirmations, elle a apporté la photocopie de son passeport libanais de l'époque dont l'un des tampons atteste qu'elle a bien quitté Beyrouth pour Londres le 28 septembre 1980. Cette date n'est pas anodine. Si Hassan Diab se trouvait à Beyrouth le 28 septembre, il n'était donc pas le poseur présumé de la bombe, porteur du faux passeport chypriote interpellé la veille – le 27 septembre 1980 – au magasin *Inno* de Montparnasse après avoir tenté de sortir sans régler l'achat d'une pince coupante.

Seulement voilà, hormis ces tampons qui attestent de son départ pour l'Angleterre le 28 septembre 1980, Nawal Copty ne dispose d'aucun élément pour démontrer que c'est Hassan Diab qui l'a déposée ce jour-là à l'aéroport. Comment être en mesure de se remémorer un souvenir aussi fragile à trente-six ans de distance ? Le juge Jean-Marc Herbaut ne manque pas de manifester ses doutes et son scepticisme. Il n'hésite pas à faire part au témoin de ses soupçons de collusion avec Hassan Diab. À cet égard, il énumère devant Nawal Copty la liste de ses déplacements aériens au Canada, entre 2002 et 2008, tels qu'ils ont été établis par la police canadienne dans le cadre de cette enquête. Il relève qu'au cours de ces six années elle a effectué 14 voyages dont 12 à Toronto où résident ses parents. Elle ne s'est rendue qu'une fois à Ottawa, où habite Hassan Diab, en novembre 2008, juste après les révélations de la presse sur le mandat d'arrêt lancé contre le professeur de sociologie. « Quel était l'objet de votre visite ? » s'enquiert le juge d'instruction.

Nawal Copty reconnaît qu'elle s'est bien rendue à Ottawa pour voir son ex-mari, juste pour le réconforter. Pas pour se concerter, assure-t-elle. « J'avais entendu parler de l'article du *Figaro*. Hassan Diab et sa femme Rania étaient très bouleversés et très stressés par la parution de ces articles. Comme je suis leur amie, j'ai décidé de leur rendre visite. C'était un choc pour tout le monde », explique-t-elle. Le magistrat parisien maintient ses soupçons de collusion et le fait savoir de manière explicite à la quinquagénaire. Il note qu'elle a refusé dans un premier temps de témoigner, alors que Hassan Diab se réfugiait lui aussi dans le silence, et que son changement d'attitude est concomitant avec celui de son ex-époux. Il souligne la similitude de leurs réponses qui vont systématiquement dans le même sens. « Nous y voyons le signe d'une stratégie commune. Est-ce exact ? » interroge le juge d'instruction. Nawal Copty répond par la négative. Le juge n'en démord pas. Il conclut : « Cette stratégie est très efficace en ce qu'elle permet à Hassan Diab d'adapter ses réponses au contenu du dossier et à vous-même, si vous en êtes également informée, de faire de même. Il est évident que vos déclarations lui fournissant un alibi auraient eu beaucoup plus de poids si elles avaient été recueillies de manière spontanée, sans que vous n'ayez connaissance des éléments figurant dans le dossier. »

Chapitre 19
Des juges libèrent Hassan Diab

À la surprise générale, Hassan Diab est sorti de prison. Le 12 janvier 2018, les deux juges antiterroristes, Jean-Marc Herbaut et Richard Foltzer, ont rendu une ordonnance de non-lieu, estimant que les charges recueillies lors de l'enquête n'étaient finalement pas « probantes ». Cette décision a suscité l'incompréhension des milieux judiciaires et la colère des vingt-quatre parties civiles. Le parquet a immédiatement fait appel de ce non-lieu. Mais – la procédure pénale est ainsi faite – rien ne pouvait désormais empêcher la libération de Hassan Diab. Le jour même, le professeur de sociologie a été libéré de la cellule où il se trouvait à l'isolement depuis plus de trois ans et a quitté la prison de Fleury-Mérogis, en banlieue parisienne, par la grande porte. Il a bénéficié de tous les égards dus à un innocent blanchi après avoir fait l'objet d'une incarcération injuste. Il a immédiatement été pris en charge par un représentant de l'ambassade du Canada en France qui lui a remis un passeport provisoire afin de pouvoir retourner sans encombre dans son pays d'adoption. Dans la soirée, il s'est envolé par le premier vol disponible, à destination de l'Islande. Un diplomate canadien qui l'accompagnait dans ce périple est intervenu durant l'escale à Reykjavik lorsque les douaniers ont manifesté leur suspicion face à ce voyageur dont le nom figurait toujours sur la *no-fly list* des personnes poursuivies dans le cadre d'affaires de terrorisme international.

À son arrivée à Ottawa, Hassan Diab a été accueilli, sous les bouquets de fleurs, par sa femme, ses enfants et ses nombreux soutiens. Quelques jours plus tard, il a donné une conférence de presse durant laquelle il a eu tout le loisir de dénoncer la loi canadienne ayant permis son extradition et le système carcéral français. « Justice a été rendue », a-t-il conclu face aux micros et caméras. Depuis ce jour, le professeur de sociologie, désormais à la retraite, est un homme libre au Canada. Une large partie de l'opinion publique canadienne considère que son innocence est un fait acquis et que les développements ultérieurs qu'a connus le dossier relèvent de l'acharnement d'une justice française aveugle, incapable d'admettre ses errements.

Demeure la question centrale : sur quels éléments objectifs le juge Jean-Marc Herbaut, principalement en charge du dossier, et son collègue Richard Foltzer se sont-ils basés pour prononcer une telle décision en faveur de Hassan Diab ? Quel développement décisif les a poussés à innocenter l'universitaire libano-canadien, réduisant à une peau de chagrin les indices, charges, témoignages et pièces à conviction patiemment accumulés par le juge Marc Trévidic et tous ceux – policiers et magistrats – qui l'avaient précédé tout au long de ces trente-huit années d'enquête ? Ce revirement est d'autant plus difficile à comprendre que, deux ans auparavant, le juge Foltzer avait lui-même manifesté ses doutes et sa plus grande méfiance face aux dépositions de Hassan Diab et de son épouse Nawal Copty. Lors des interrogatoires, il avait souligné le caractère peu convaincant de leurs explications.

Lorsqu'on examine l'ordonnance de non-lieu, on ne peut être que frappé de la fragilité des arguments qui ont justifié la libération de celui qui faisait – et fait toujours – figure de suspect numéro un dans l'attentat de la rue Copernic. Ce qui, pour l'essentiel, a emporté la conviction des deux juges d'instruction, ce sont cinq nouveaux témoins que la défense a annoncé en 2016 avoir retrouvés. Ces cinq ex-étudiants de l'université de Beyrouth affirment que Hassan Diab était bien présent avec eux lors de la session des examens de l'automne 1980, ce qui rendrait impossible sa présence à Paris dans les jours qui ont précédé et suivi l'attentat de la rue Copernic. À ceci près que leurs souvenirs sont fort imprécis, ce qui n'a rien d'étonnant pour un fait mineur qui remonte à trente-six ans, et de surcroît invérifiables.

L'avocat libanais Hussain Ali Saleh a passé sa licence de sociologie en 1982, en même temps que Hassan Diab. Il a lui aussi émigré au Canada dans les années 1990 où il a retrouvé son ancien camarade de fac, avant de retourner au Liban. Hussain Ali Saleh a donc accepté de témoigner. Il est interrogé le 18 octobre 2016 dans le bureau de l'avocat général de la Cour de cassation de Beyrouth, en vertu d'une commission rogatoire internationale lancée par la justice française. Pour la circonstance, le juge Herbaut a fait le déplacement jusqu'au Liban, accompagné d'un officier de la Direction générale de la sécurité intérieure, le service de renseignement qui a succédé à la DST. L'interrogatoire se déroule en arabe avec l'assistance d'une interprète libanaise. Hussain Ali Saleh dit se souvenir que Hassan Diab était présent à Beyrouth aux épreuves de fin d'année en 1980, 1981 et 1982.

— Les examens se passaient généralement au mois de juillet, explique-t-il, mais, en 1980, je pense qu'ils se sont déroulés en octobre ou bien vers la fin du mois de septembre en raison des combats de la guerre civile. Ils duraient un mois et nous présentions treize matières.

— Vous souvenez-vous des dates précises auxquelles ces épreuves se sont déroulées ? demande le magistrat libanais.

Hussain Ali Saleh ne s'en souvient pas et concède qu'il n'a pas gardé le moindre document permettant d'établir les dates d'examen. Il assure en revanche fonder sa mémoire sur la concomitance avec un souvenir personnel.

— Mon anniversaire est le 9 octobre, explique-t-il. À cette époque, j'étais fiancé avec une jeune fille dénommée Salwa qui est devenue ma première épouse. En 1980, j'avais fêté mes 20 ans à la montagne, dans le village d'Aley, et je pense que nous étions en période d'examen. Je m'étais fiancé dans le courant de l'été 1980 et je me suis marié dans le courant de l'été 1981.

Garderiez-vous le souvenir de voyages à l'étranger de Hassan Diab en 1980 ? poursuit le juge. L'ex-camarade de la fac de Beyrouth répond par la négative :

— Je ne m'en souviens plus, parce que, la première année, ma relation avec Hassan Diab n'était pas consolidée. Au cours de cette période, nous ne nous rencontrions pas souvent vu que je passais le plus clair de mon temps avec ma fiancée.

Le juge insiste. Vous souviendriez-vous d'une absence d'Hassan Diab entre le 20 septembre et le 7 octobre 1980 ?

— Je ne me souviens plus si Hassan Diab avait quitté l'université au cours de cette période. Et je pense que cette période était une période d'examen, répond à nouveau le témoin.

Voici l'essentiel de la déposition du témoin Hussain Ali Saleh consigné sur le procès-verbal d'audition. On le constate, il n'en ressort en définitive que des souvenirs très vagues, qui n'établissent en rien un alibi sérieux en faveur de Hassan Diab. Son ancien camarade d'université *pense* que les examens de fin de première année ont eu lieu en septembre ou en octobre. Il ne dispose d'aucun moyen de confirmer des dates au demeurant très imprécises. Il assure se souvenir de la présence de Hassan Diab lors de ces épreuves tout en reconnaissant que celui-ci n'était alors qu'une connaissance parmi d'autres et qu'il avait mieux à faire avec sa fiancée. Il évoque une fête d'anniversaire donnée dans la montagne libanaise qui n'apporte aucun élément tangible à sa déposition si ce n'est qu'il *pense* qu'elle coïncidait avec la période d'examen.

Que vaut un tel témoignage ? Quel crédit accorder à un témoin, même de bonne foi, qui vient déclarer en substance : « Je me souviens, il y a trente-six ans, tel étudiant, que je ne connaissais d'ailleurs pas si bien que ça, était avec moi dans l'amphithéâtre ou dans la salle de classe lorsque nous avons passé nos examens dont je ne parviens plus à me rappeler la date exacte ». Or, ce dernier point est fondamental pour étayer ou non l'alibi de Hassan Diab. À en juger par les tampons qui figurent sur son passeport, il est suspecté d'avoir quitté le Liban le 20 septembre et d'y être revenu le 7 octobre 1980. Le lointain souvenir d'épreuves universitaires qui seraient déroulées au cours de ces deux mois, sans qu'on parvienne à en déterminer les dates exactes, ne permet en rien d'établir un alibi en sa faveur.

Les magistrats parisiens se sont bien sûr tournés vers les autorités libanaises et l'administration de l'université de Beyrouth pour tenter de savoir quand se sont tenus les examens de première année de sociologie en 1980 et de deuxième année en 1981. Les Libanais ont fait savoir qu'en raison de la disparition des archives de l'université, il leur était impossible de déterminer les jours précis où se sont tenues ces épreuves mais que ces examens se seraient déroulés « au mois d'octobre », sans plus de précision. Le seul document fournissant une indication un tant soit peu objective est un formulaire communiqué par la défense établissant que Hassan Diab a demandé le 30 octobre son inscription en deuxième année et qu'il lui a été délivré le même jour une attestation de réussite aux examens de première année. Ce reçu ne semble confirmer qu'une chose : Hassan Diab était présent à Beyrouth… près d'un mois après l'attentat de la rue Copernic. Cela ne constitue en rien un élément susceptible d'éclairer l'enquête et encore moins de le mettre hors de cause.

Les autres témoignages sont à l'avenant. Salwa Saad, l'ex-fiancée de Hussain Ali Saleh, était aussi étudiante en sociologie à l'université de Beyrouth. À la demande de la défense, elle a également consenti à venir témoigner, mais sa mémoire lui fait grandement défaut.

— Vous souvenez-vous des périodes d'examen en 1980, 1981 et 1982 ? demande le juge libanais.

— Je ne me souviens plus de rien, dit-elle.

Pour le reste, Salwa Saad ne fournit que des éléments épars. Elle indique que les périodes d'examen s'étendaient sur deux semaines. « Nous devions attendre plus que deux semaines pour voir les résultats s'afficher », ajoute-t-elle sans plus de précision. Concernant l'année 1980, elle se souvient de la fête d'anniversaire de son ex-fiancé mais est incapable de dire si elle s'est déroulée pendant les examens. Ont-ils eu lieu en septembre, en octobre ? Elle ne conserve qu'un infime repère : « J'ai le souvenir que, lors d'un examen que je présentais, il faisait très chaud ». Elle connaissait Hassan Diab mais elle ne se rappelle plus s'il était présent aux différentes sessions de fin d'année. Elle militait au Parti communiste, « appuyait la résistance palestinienne », mais ignore quelles étaient les opinions et les activités politiques de Hassan Diab. Elle ne conserve aucun souvenir non plus de déplacements qu'il aurait pu effectuer à l'étranger.

Meyssoun Haïdar Slimane est le troisième témoin produit par la défense. Elle aussi était étudiante en sociologie et a obtenu sa licence la même année que Hassan Diab.

— Je me souviens bien de sa présence lors des examens de fin d'année en 1980,1981 et 1982. Il venait à mon domicile pour que nous étudiions et révisions ensemble avant les examens. Quelquefois, il dormait sur le canapé du salon, les soirs où nous passions toute la nuit à étudier, témoigne-t-elle dans le bureau de l'avocat général.

— Quand ont eu lieu les examens de 1980 ? demande une nouvelle fois le magistrat libanais.

— Je ne me souviens pas exactement. Je pense que la date de ces examens était au mois de juin ou à la fin du mois de mai, répond-elle.

Le juge lui indique que, selon Hassan Diab, ces examens auraient eu lieu à l'automne, en septembre ou en octobre. Il lui demande si elle a conservé des documents susceptibles d'éclairer les enquêteurs sur ce point.

— Je ne me souviens plus s'ils ont eu lieu en septembre ou en octobre et je n'ai gardé aucun document qui permette d'établir la date, répond-elle à l'instar des autres témoins.

Interrogé à son tour sur les dates d'examen, l'ex-étudiant en sociologie Ahmed Abdelhadi Soueidane fait preuve d'une mémoire très lacunaire.

Le juge :

— Vous souvenez-vous des périodes d'examen de 1980, 1981 et 1982 ?

Le témoin :

— Je ne me souviens plus de rien.

— Quelle était la durée approximative des examens de première et deuxième année ? Combien de temps deviez-vous attendre avant la proclamation des résultats ?

— Je ne me souviens plus de rien.

— Hussain Ali Saleh déclare que vous étiez amis. Vous souvenez-vous de son anniversaire en 1980 et plus particulièrement si cette fête a été célébrée avant ou après les examens de fin d'année ?

— Je ne me souviens plus de rien.

À douze reprises, lorsqu'on l'interroge sur ses souvenirs de l'université de Beyrouth. Ahmed Abdelhadi Soueidane formule cette réponse laconique. Puis, lorsque le juge l'interroge sur la présence de Hassan

Diab aux examens durant les trois années de licence, il répond sans l'ombre d'une hésitation :

— Effectivement, je pense que Hassan Diab a réussi les trois années à la première session. S'agissant de sa présence, il me semble qu'il se trouvait dans la même salle que la mienne.

L'assurance de ce témoin est d'autant plus notable qu'Ahmed Abdelhadi Soueidane reconnaît avoir perdu tout contact avec Hassan Diab depuis la fin de l'université. À trente-six ans de distance, il ne se souvient plus de rien sauf de la présence en salle de classe, lors d'une session d'examen, de ce lointain camarade d'études qu'il n'a pas revu depuis des lustres.

Gufran Mustafa Fakhoury est le dernier témoin produit par la défense. Née au Liban en 1953, elle a étudié la sociologie entre 1979 et 1983 et affirme qu'elle faisait partie du même groupe d'amis qui révisaient les examens en compagnie de Hassan Diab. Pour le reste, son témoignage n'est qu'une redite – tout aussi incertaine – de ce qu'ont rapporté ses anciens camarades. Gufran Mustafa Fakhoury a été auditionnée le 22 mai 2017 par des agents du FBI. Elle a quitté le Liban en 1988 pour les États-Unis où elle a épousé un Américain d'origine grecque dont elle est aujourd'hui veuve. Elle vit dans une petite bourgade de Virginie à une heure de Washington où elle travaille comme vendeuse dans un magasin. La sexagénaire ne se rappelle pas les dates des examens de 1980 mais les situe en septembre ou en octobre. Elle croit se souvenir que les examens duraient une quinzaine de jours et que les résultats étaient annoncés un mois après la fin des épreuves. Elle ne se souvient pas de la présence de Hassan Diab mais elle conclut qu'il devait être là puisqu'il a validé son année. Elle déclare enfin aux hommes du FBI sa conviction que Hassan Diab ne peut pas être impliqué dans l'attentat de la rue Copernic, qu'il est incapable d'avoir commis un tel acte. Les policiers américains lui demandent sur quoi elle fonde une telle certitude. Gufran répond : « Si Hassan Diab avait été impliqué dans un quelconque mouvement terroriste, j'en aurais eu l'intuition. Diab était quelqu'un de très sympathique. Il était issu d'une bonne famille et n'embêtait personne. »

Ce sont donc ces témoignages – à la fois fragiles, douteux, imprécis, invérifiables et même contradictoires – qui ont emporté la conviction des juges Herbaut et Foltzer. Dans leur ordonnance de non-lieu, les deux magistrats concluent que les explications données par les cinq anciens étudiants beyrouthins sont « globalement concordantes avec celles de Hassan Diab ». En moins d'une dizaine de lignes, les juges parisiens valident ces témoignages, leur accordent une valeur déterminante considérant qu'ils contrebalancent toutes les autres charges retenues contre Hassan Diab lors de l'enquête.

Ce spectaculaire retournement est d'autant plus notable que les juges semblent avoir fait preuve d'une grande souplesse dans l'interprétation et l'exploitation de ces témoignages. « Tous les anciens étudiants attestent de la présence de Hassan Diab aux épreuves », indique l'ordonnance de renvoi. Tous ? Non. Salwa Saad, la fiancée de Hussain Ali Saleh, dit ne pas s'en rappeler. En ce qui concerne la question cruciale de la détermination de la date exacte des examens de sociologie de 1980, les deux juges parisiens ont fait la démonstration suivante : « Les examens de fin de première année ont eu lieu entre fin septembre et début octobre 1980 et ils ont été passés et réussis par Hassan Diab », écrivent-ils dans leur ordonnance de non-lieu. Pourquoi « fin septembre, début octobre » ? Parce que c'est la période qui incrimine Hassan Diab. Les tampons qui figurent sur son passeport signalent un voyage en Europe du 20 septembre au 7 octobre qui inclut donc la date de l'attentat de la rue Copernic. Or, les ex-étudiants témoignant en faveur de Hassan Diab ont été beaucoup moins précis que ne l'écrivent les juges. Seul Hussain Ali Saleh situe les épreuves vers la fin du mois de septembre ou au début du mois d'octobre, sans apporter le moindre élément probant si ce n'est le souvenir d'une fête d'anniversaire. Les autres sont bien plus incertains. Salwa Saad ne se souvient de rien et ne peut attester ni de la date ni de la présence de Hassan Diab. Meyssoun Haïdar Slimane, elle, se souvient d'examens fin mai ou courant juin. Ahmed Abdelhadi Soueidane ne se souvient pas non plus des périodes d'examen mais assure que Hassan Diab était bien présent dans la salle. À trente-six ans de distance, on mesure la fragilité de la mémoire humaine. Les juges Herbaut et Foltzer ont cependant estimé pouvoir s'appuyer sur le « recoupement » de ces témoignages et des maigres documents communiqués par l'université de Beyrouth pour parvenir à une datation de la période des examens coïncidant avec l'attentat de la rue Copernic. Puisque Hassan Diab a réussi son passage en deuxième année, c'est donc qu'il ne pouvait être à Paris le jour où la bombe a explosé devant la synagogue.

Au passage, les juges du pôle antiterroriste exonèrent aussi Hassan Diab de toute implication dans l'attentat d'Anvers commis un an plus tard. Reprenant la même argumentation, ils concluent qu'en octobre 1981, l'étudiant libanais d'alors passait pareillement ses examens de fin de deuxième année de sociologie à Beyrouth et qu'il ne pouvait donc pas se trouver en Belgique…

Chapitre 20
L'enquête aux oubliettes

Il restait un écueil à contourner. Pour valider les témoignages des ex-étudiants de la fac de Beyrouth et les considérer comme décisifs, il fallait dans le même temps écarter les éléments – pourtant sérieux, nombreux et convergents – recueillis tout au long de l'enquête, faisant planer sur Hassan Diab une lourde suspicion. C'est ce à quoi va s'employer l'ordonnance de non-lieu dans un étonnant passage intitulé « examen des éléments à charge et à décharge ».

Il y a tout d'abord les liens de Hassan Diab avec le FPLP confirmés par plusieurs de ses proches et de ses anciennes relations. À commencer par Youssef El-Khalil et son épouse Sana qui, dans les années 1980 à Beyrouth, appartenaient à son premier cercle d'amis. Les magistrats parisiens ont estimé qu'il y avait des « contradictions » dans les déclarations du couple. « Youssef évoque l'appartenance de Hassan Diab au

Parti des travailleurs socialistes arabes (PTSA) alors que Sana le situe au FPLP », souligne l'ordonnance de non-lieu. Cette « contradiction » semble pourtant ne pas en être une puisque le PTSA était, selon les dires mêmes de Youssef El-Khalil, « la vitrine politique du FPLP sur la scène libanaise ». Les juges ont relevé aussi que Youssef et son épouse « n'apportent aucun élément concret prouvant l'appartenance de Hassan Diab au FPLP ». Certes, il est ardu de concevoir que le groupe terroriste palestinien, comme toute organisation clandestine, ait pu délivrer à l'époque des cartes de membre ou des documents officiels. Les juges d'instruction ont été moins exigeants avec des ex-étudiants beyrouthins qui n'étaient pas plus en mesure d'étayer leurs témoignages.

Les liens de Hassan Diab avec le FPLP apparaissent à nouveau lorsqu'il émigre au Canada. Il y retrouve sa compatriote Fatima Faten Faour, considérée par la DST comme une ancienne activiste du groupe terroriste palestinien, lorsqu'elle vivait au Liban. Cette appartenance au FPLP, authentifiée par les services de renseignement français, n'est d'ailleurs pas mise en doute par les magistrats parisiens. Hassan Diab et Faten Faour suivaient le même cursus, les mêmes années à l'université de Beyrouth dans les années 1980. Dans son dossier de renouvellement de passeport canadien, Hassan Diab a indiqué connaître Fatima « depuis vingt ans », avant de partir avec elle en vacances à Cuba. Pourtant, les deux juges antiterroristes se refusent à voir dans cette relation un élément de suspicion envers Hassan Diab. Leur argumentation est ainsi rédigée :

« La proximité d'Hassan Diab avec cette femme est avérée [...]. Cependant, si l'un et l'autre étudiaient la sociologie à l'université libanaise aux cours des mêmes années et se connaissaient de vue, ils affirment tous les deux qu'ils n'étaient pas amis à l'époque et qu'ils ne le sont devenus que plus tard au Canada, postérieurement à 1994 et alors qu'elle avait cessé toute *activité militante* [...]. Dès lors, cette proximité attestée dans les années 1990 ne peut pas constituer une charge contre Hassan Diab pour ce crime commis en 1980. »

Les juges Jean-Marc Herbaut et Richard Foltzer ont-ils réellement pris pour argent comptant la version du professeur de sociologie et de son amie, sans éprouver le moindre doute sur leur sincérité ? La candeur affichée des deux magistrats est d'autant plus surprenante qu'ils soulignent eux-mêmes dans un paragraphe précédent que l'audition de Fatima Faten Faour a été « manifestement émaillée de contradictions, d'invraisemblances et de mensonges », en particulier concernant ses dénégations sur son appartenance au FPLP. Est-il aussi permis de relever au passage une curieuse formulation ? L'ordonnance de non-lieu fait référence à l'« activité militante » de Fatima Faten Faour au sein du FPLP. Singulier euphémisme tout de même – sous la plume de magistrats antiterroristes – concernant une organisation parmi les plus fanatiques de la nébuleuse des milices palestiniennes, classée encore aujourd'hui sur les listes officielles des groupes terroristes de l'Union européenne, des États-Unis et de plusieurs autres pays occidentaux.

* * *

Dans leur « examen des éléments à charge et à décharge », les juges Herbaut et Foltzer se livrent ensuite à une discussion minutieuse au sujet de l'ancien passeport libanais de Hassan Diab, retrouvé dans les archives de la police italienne. Comme on l'a vu, le document constitue l'une des charges les plus sérieuses à l'encontre du professeur de sociologie. Les circonstances de la saisie du passeport dans l'attaché-case d'un chef terroriste palestinien, les visas et tampons qui y figurent, les dates de voyage en Europe qui correspondent aux attentats de la rue Copernic à Paris, et de celui d'Anvers en Belgique... Tout cela oriente les soupçons vers l'universitaire libano-canadien.

Hassan Diab affirme avoir perdu son passeport qui aurait donc été utilisé à son insu par un terroriste anonyme. Mais ses explications sont contradictoires et ont varié dans le temps. Lors de son audition par la police libanaise en 1983, il aurait indiqué avoir perdu son passeport en avril 1981. Des années plus tard, cette déclaration se retourne contre lui. S'il a perdu son passeport en 1981, c'est donc bien lui qui a effectué le voyage en Espagne du 20 septembre au 7 octobre 1980, au moment de l'attentat de Copernic. Un voyage compromettant puisqu'il emprunte le même trajet que celui du commando. Si compromettant que Hassan Diab assure qu'il ne s'est jamais rendu en Espagne à cette date. Trente-cinq ans plus tard, face aux magistrats parisiens, il dément avoir fait une telle déclaration à la police libanaise. Son audition a pourtant bien eu lieu, reconnaît Hassan Diab. Le policier libanais n'a pas inventé l'épisode de la perte du passeport. Mais la date de cette perte qui figure sur le rapport est erronée, assure Diab. Le policier a dû mal comprendre, il a peut-être confondu deux mots en arabe.

Les magistrats du pôle antiterroriste valident cette explication. En ajoutant un argument supplémentaire, qu'il vaut la peine de lire attentivement : « Si Hassan Diab était l'auteur de l'attentat et s'il avait lui-même voyagé entre le Liban et l'Espagne courant septembre et octobre 1980 dans ce but comme le soutient l'accusation, il n'aurait pas fourni aux policiers qui l'interrogeaient sur la découverte de son passeport sur un terroriste une date de perte postérieure à ce voyage si incriminant pour lui », écrivent-ils dans leur ordonnance. En clair, les magistrats estiment que Hassan Diab ne peut avoir indiqué cette date parce qu'elle l'accable et le confond. Puisqu'il est innocent, c'est donc qu'il ne l'a pas dite ! On demeure quelque peu songeur face à ce raisonnement en forme de sophisme, bâti sur un *a priori* aussi favorable. Comme si un suspect ne s'était jamais trahi par une contradiction lors d'un interrogatoire. Comme s'il était impossible que, poussé dans ses retranchements par le policier libanais, Hassan Diab ait manqué de vigilance dans le déroulé de ses explications et se soit embrouillé dans les dates.

Lorsqu'il se rend à la Sûreté générale libanaise le 17 octobre 1983, c'est pour effectuer une déclaration de perte de son passeport afin de s'en faire délivrer un nouveau. Cette formalité ne se passe pas exactement comme Hassan Diab l'avait peut-être escompté. Le policier dispose d'un dossier qui signale que le passeport a été saisi deux ans plus tôt à l'aéroport de Rome, sur un passager qui s'est avéré être membre du FPLP-OS. Le policier s'étonne d'une déclaration de perte aussi tardive et demande quelques explications. Hassan Diab affirme être étranger à l'incident. Il assure avoir perdu son passeport en avril 1981, six mois avant sa saisie à Rome.

C'est dans ces circonstances qu'il faut replacer l'échange avec le fonctionnaire de la Sûreté générale.

Hassan Diab bénéficie bien sûr du principe de la présomption d'innocence. Mais en retenant – ne serait-ce qu'un instant – l'hypothèse de sa culpabilité, on conçoit aisément que son intention première ait été de dégager sa responsabilité concernant la saisie de son passeport à Rome. Sous le feu roulant des questions du policier libanais, peut-être n'a-t-il pas eu la présence d'esprit de se dédouaner de toute implication dans l'attentat de la rue Copernic, perpétré trois ans auparavant ? En octobre 1983, lorsqu'il se rend à la Sûreté générale, le nom de Hassan Diab est parfaitement inconnu dans le dossier Copernic, un dossier dont le policier libanais ignore tout et sur lequel il n'a aucune raison d'enquêter. L'enquête française sur l'explosion de la synagogue parisienne s'est arrêtée au personnage fictif du touriste chypriote Alexander Panadriyu, dont la presse a parlé et dont on a de bonnes raisons de penser qu'il ne sera jamais retrouvé. Le passage par l'Espagne du groupe terroriste ayant perpétré l'attentat est également un élément ignoré et ne parviendra aux enquêteurs qu'en 1999. Lorsque, pressé de questions, Hassan Diab a été interrogé en 1983 sur la perte alléguée de son passeport, il lui a bien fallu indiquer une date. On ne peut pas penser à tout. Voilà pourquoi il est parfaitement envisageable qu'il ait fait une déclaration qui vingt-cinq ans plus tard se retournera contre lui. Voilà pourquoi le raisonnement des juges sur ce point est loin d'être infaillible.

Les explications du professeur de sociologie semblent pourtant avoir convaincu les magistrats. Selon la version de Hassan Diab, ce n'est pas lui qui aurait utilisé son passeport à partir de l'automne 1980 et surtout pas entre la fin septembre et le début du mois d'octobre puisque la tenue de ses examens de fin d'année l'empêchait de voyager. Une organisation terroriste s'en serait servie à son insu pour commettre des attentats. L'un de ses membres aurait voyagé à plusieurs reprises avec ce document d'identité sans même en changer la photo et alors qu'il avait toutes les chances d'être signalé comme perdu au premier poste frontière. Face à cette difficulté, les juges reprennent sans ciller l'argument d'autorité avancé par Hassan Diab : « Le Liban était dans un état de désorganisation telle au moment de la guerre civile qu'il n'y avait en pratique aucune chance que la perte du passeport soit signalée à l'aéroport de Beyrouth », écrivent-ils en citant Hassan Diab dans leur ordonnance de non-lieu. Ah bon ? Qu'est-ce qui permet d'être aussi affirmatif ? Comment l'ex-étudiant en sociologie émigré au Canada connaît-il le détail des procédures de sécurité en vigueur trente ans auparavant à l'aéroport de Beyrouth ? La police libanaise n'était quand même pas si désorganisée au point de ne pas réagir au signalement par Interpol de la saisie du passeport à Rome et de ne pas inviter Hassan Diab à donner sa version des faits sur cette sombre affaire. « Il n'est pas déterminé dans quelles conditions son passeport a pu se retrouver dans les mains d'un membre d'une organisation terroriste palestinienne. On ne peut exclure qu'il l'ait perdu comme il le dit », concluent les juges sur ce point.

L'attitude des deux magistrats qui, soudainement, accordent la plus large présomption de bonne foi à Hassan Diab est d'autant plus difficile à comprendre qu'elle tranche avec la suspicion que le juge Jean-Marc Herbaut a clairement manifestée lors des interrogatoires précédents. Lorsqu'en janvier 2016, l'universitaire incarcéré accepte enfin de s'expliquer, le juge Herbaut lui fait part de son « sentiment désagréable » que les différents témoignages produits ont été « minutieusement préparés en concertation » avec la défense. Dans ses questions, qui figurent aux procès-verbaux, le juge s'interroge aussi sur le refus de témoigner invoqué par l'ex-femme de Hassan Diab qui n'a modifié son attitude qu'après de longs mois de silence. Le magistrat y voit le signe d'une « stratégie élaborée » visant à « éviter de donner des informations compromettantes » à l'encontre de Hassan Diab. Deux ans plus tard, en janvier 2018, toutes ces préventions sont tombées. On n'en trouve guère de trace dans l'ordonnance de non-lieu qui n'en tire en tout cas aucune conséquence.

* * *

L'ordonnance de non-lieu écarte pareillement le témoignage de Belinda Fuller, l'ex-étudiante de l'université de Syracuse qui dit avoir recueilli une étrange confidence de son professeur de sociologie sur une voiture qu'il aurait « fait exploser ». La jeune Américaine aurait demandé à son professeur de ne pas lui en dire plus, avant de succomber à ses charmes. Les deux juges de la section antiterroriste du tribunal de Paris y voient une attitude incohérente qui invaliderait le témoignage de Belinda Fuller. À l'appui de leur argumentation, ils écrivent : « Ce témoin aurait pris au sérieux cet aveu (de Hassan Diab, *ndlr*), au point, dit-elle, qu'elle lui aurait intimé l'ordre de se taire et de ne plus lui en parler. Pour autant, elle a entamé le même jour une liaison de trois semaines avec Hassan Diab, ce qui peut paraître contradictoire [...]. »

Pour les magistrats, il serait inconcevable que la jeune étudiante se soit engagée dans une brève histoire amoureuse avec son professeur dès lors qu'elle lui avait signifié qu'elle ne voulait pas entendre parler de son passé trouble. Si elle a cédé à ses avances, ce que confirme Hassan Diab, c'est donc qu'il ne peut lui avoir livré pareille confession. Cette conclusion définitive ne méconnaît-elle pas les règles ambiguës du jeu de la séduction ? Le témoignage de Belinda Fuller est d'autant plus sérieux que la rencontre à la bibliothèque a bien eu lieu, ainsi que l'a confirmé Hassan Diab.

Les magistrats parisiens relèvent également que Belinda Fuller évoque une « voiture » alors que – soulignent-ils – « la bombe qui a explosé rue Copernic était placée sur une moto ». C'est oublier que Hassan Diab est également suspecté d'avoir commis un an plus tard l'attentat contre la synagogue d'Anvers lors duquel l'explosion d'une fourgonnette avait tué trois personnes et fait des dizaines de blessés. Les juges déplorent en outre le caractère tardif du témoignage de l'ex-étudiante : « Elle a mis plusieurs années à se signaler auprès du procureur canadien, ce qui est surprenant si elle pensait être en possession d'une information importante », observent-ils, mettant en doute la fiabilité de sa déposition. Les juges d'instruction n'ont, semble-t-il, pas eu les mêmes réticences à accepter les témoignages des ex-étudiants de l'université de Beyrouth en faveur de Hassan Diab, qui se sont manifestés eux aussi fort tardivement. « Pour l'ensemble de ces raisons, le témoignage de Belinda Fuller n'apparaît pas probant », concluent les juges Herbaut et Foltzer.

Après avoir méthodiquement démonté les principaux arguments à charge, les magistrats n'ont eu ensuite guère de difficulté à récuser les éléments moins déterminants du dossier. En quelques lignes, ils écartent la ressemblance de Hassan Diab avec les portraits-robots effectués au début de l'enquête. « Cette ressemblance doit être relativisée », écrivent-ils en estimant que le « look cheveux longs et moustache tombante était très commun à l'époque ». Ceux qui ont consulté le dossier attestent pourtant de la « ressemblance criante » entre ce portrait-robot et les photos d'identité de Hassan Diab à la même époque, en particulier celle provenant de son dossier d'inscription à l'université de Beyrouth en 1980. On se souvient aussi de l'étonnement de Youssef El-Khalil, l'ami de Hassan Diab, qui avait été frappé par cette ressemblance en découvrant le portrait-robot du suspect à la lecture de *Paris Match.* Les expertises graphologiques établissant de nombreuses similitudes entre l'écriture de Hassan Diab et les mentions figurant sur la fiche d'hôtel remplie par le poseur présumé de la bombe sont pareillement considérées comme manquant de fiabilité et invalidées.

Ce passage en revue des éléments à charge et à décharge n'est cependant pas exhaustif. Quelques angles morts subsistent. Les juges semblent faire l'impasse sur le témoignage de Philippe Gruselle. Lorsqu'on lui a présenté un album photo, l'ex-vigile du magasin *Inno* du quartier Montparnasse a formellement identifié Hassan Diab comme étant le client indélicat, porteur du faux passeport chypriote, qu'il avait interpellé en septembre 1980 quelques jours avant l'attentat de la rue Copernic. Que penser d'un tel témoignage ? L'ordonnance de non-lieu n'en dit mot et ne se prononce pas sur le crédit à apporter aux déclarations de Philippe Gruselle. Tout comme elle demeure muette sur l'étrange attitude de certains membres de la famille de Hassan Diab. Les écoutes téléphoniques de son ex-belle-sœur Pierrette C., son rendez-vous clandestin dans un hall d'immeuble parisien avec la sœur du suspect venue tout spécialement de Beyrouth avant de reprendre l'avion pour Ottawa, sa tentative de passer sous silence cette rencontre lors de son témoignage sont à peine évoqués dans l'ordonnance. Les magistrats parisiens se bornent à indiquer que les écoutes téléphoniques de Pierrette C. et de sa fille ont montré « que les deux femmes étaient en relation directe ou indirecte avec Hassan Diab » et que leur audition « n'a rien apporté ».

Chapitre 21
Un complot israélien ?

Début 2016, le juge Jean-Marc Herbaut, nouvellement en charge de l'enquête, s'interroge sur l'absence dans le dossier de toute trace de renseignements en provenance d'Israël. Il s'en étonne. Si Hassan Diab a appartenu au FPLP – ou à une de ses branches dissidentes –, il serait surprenant, se dit le juge, que les Israéliens ne disposent d'aucune information à ce sujet. Depuis des décennies, les groupes palestiniens mènent une lutte armée féroce contre Israël. Les différents services secrets israéliens, le Mossad, le Shin Bet, les renseignements militaires, surveillent de très près ces organisations terroristes et leurs militants.

Le 13 janvier 2016, le magistrat prend attache avec l'ambassade d'Israël à Paris pour solliciter une coopération judiciaire. Le message est transmis à Jérusalem. De discrètes tractations ont lieu. Un an et demi après, le 6 juin 2017, une délégation israélienne spécialement venue en France se rend dans le bureau du juge antiterroriste, installé dans les soupentes du vieux Palais de justice de l'Île de la Cité. Des informations sont échangées verbalement. Les Israéliens confirment détenir quelques renseignements concernant Hassan Diab et ses activités passées au FPLP. Ces éléments ont été recueillis de manière confidentielle auprès de six sources différentes dont il n'est pas possible de révéler l'identité. Avant de formaliser l'échange et de transmettre par écrit les informations en leur possession, les Israéliens veulent s'assurer que leur confidentialité sera respectée et qu'elles ne seront en tout cas pas communiquées à des tiers sans qu'Israël n'en ait été informé préalablement.

Quelques mois plus tard, le 6 octobre 2017, le juge antiterroriste reçoit un document de synthèse d'une quinzaine de pages envoyé par les Israéliens. C'est ce qu'on appelle une « note blanche ». Sans en-tête, non datée, non signée, tapée à la machine avec des lettres majuscules. Les six sources anonymes sur lesquelles s'appuient ces révélations ne sont désignées que par un numéro. Le document est accompagné d'une trentaine de photos de différents militants palestiniens conservées dans les archives des services de renseignement de l'État hébreu. Certaines sont des photos d'identité provenant de dossiers administratifs. D'autres clichés, moins nets ou cadrés de manière plus hasardeuse, semblent avoir été pris lors d'opérations clandestines, sans doute à l'insu des intéressés.

L'information essentielle contenue dans le rapport israélien concerne Hassan Diab. Ses photos d'identité ont été présentées à plusieurs membres du FPLP-OS qui l'ont reconnu et désigné comme faisant partie de l'organisation sous le pseudonyme d'« Amer ». Il n'est bien sûr pas possible de savoir dans quelles circonstances ces activistes palestiniens se sont exprimés. Agissaient-ils de leur plein gré, en connaissance de cause ? Étaient-ils des traîtres, des *indics* retournés par les Israéliens ou peut-être des prisonniers que l'on a convaincus de parler pour adoucir la rigueur de leur sort ? Tous les cas de figure sont envisageables. Pour le reste, leurs déclarations recoupent en grande partie les éléments recueillis par les enquêteurs français au sujet de Hassan Diab, à savoir sa proximité sinon son appartenance à la nébuleuse des organisations palestiniennes basées au Liban.

La note blanche israélienne contient aussi des renseignements qui figuraient en 1999 dans le rapport de la DST française et du BKA allemand. Il signale le mariage de Hassan Diab en 1987 à Chypre avec Nawal Copty. Il fournit son adresse personnelle à Beyrouth dans les années 1980 ainsi que celles des autres membres de sa famille. Il décrit les dissensions à l'intérieur du groupe terroriste, les querelles de stratégie entre ses différentes factions… autant de raisons pour lesquelles « Amer » aurait peu à peu pris ses distances avec l'organisation palestinienne à partir de 1984.

Concernant l'attentat de la rue Copernic, les Israéliens confirment l'implication du FPLP-OS et de Hassan Diab. Leur rapport apporte également des précisions supplémentaires, inconnues des enquêteurs français. Ces nouveaux éléments sont incertains. Ils ne sont ni étayés ni avérés. Selon le rapport communiqué aux juges parisiens, la synagogue aurait été choisie pour cible non seulement parce que « l'attaque de Juifs était synonyme d'attaque contre Israël » mais aussi parce que les terroristes palestiniens étaient persuadés que le deuxième étage du bâtiment abritait une antenne du Mossad à Paris. Ce dernier renseignement est bien entendu dénué de tout fondement. Invalide-t-il pour autant le reste des informations contenues dans le document ? Les Israéliens se sont bornés à transmettre toutes les données en leur possession, obtenues auprès d'informateurs palestiniens. Pour qui connaît le degré de diabolisation d'Israël – et des Juifs – dans une bonne partie du monde arabe, la croyance que des agents secrets de l'État hébreu aient pu installer leurs bureaux dans une synagogue parisienne n'a rien d'invraisemblable. Il s'agit bien sûr d'une *fake news*. Mais l'existence d'une telle rumeur colportée par les membres d'un groupe terroriste, pour délirante qu'elle soit, est tout à fait envisageable.

La note israélienne indique ensuite que les terroristes palestiniens auraient envisagé de faire exploser leur bombe à l'intérieur de la synagogue. Hassan Diab y serait lui-même entré une semaine avant l'attentat durant un office religieux avec une mallette vide à la main et se serait mêlé aux fidèles pour tester leurs réactions. Les mesures de sécurité pour pénétrer dans le bâtiment, constatées durant cette phase d'évaluation, auraient incité le commando à modifier ses plans. Le document fait également état d'une tentative d'attentat à l'explosif, finalement abandonnée, contre un avion de la compagnie israélienne El Al à Marseille en 1979, à laquelle Hassan Diab aurait participé. Il ne subsiste aucune trace aujourd'hui de la réalité d'une telle action terroriste. Un avion d'El Al a bien été, en revanche, l'objet d'un attentat raté à l'aéroport de Bruxelles, le 16 avril 1979, dans des circonstances similaires à celles évoquées par le rapport des services de renseignements israéliens. Deux Libanais, membres d'un groupe clandestin palestinien, avaient été interpellés. Deux autres étaient parvenus à prendre la fuite.

La défense ne va pas manquer de s'emparer des approximations et des informations erronées contenues dans le document pour le récuser et – du même coup – tenter d'invalider l'ensemble de l'enquête. Moins de quinze jours après l'arrivée de la note israélienne, les avocats de Hassan Diab font valoir leurs objections. Dans un courrier adressé au juge Jean-Marc Herbaut, ils se livrent à une attaque en règle contre la note blanche envoyée de Jérusalem. Me William Bourdon et ses associés la qualifient de « démarche scandaleuse ». Ils accusent les Israéliens de manipuler l'enquête et de tirer les ficelles en coulisse depuis la genèse de l'affaire. « S'il y a bien un État étranger qui, à travers ses services, suit l'évolution des investigations dès l'origine, c'est nécessairement l'État d'Israël », soutiennent les avocats du sociologue canadien. Pour eux, les Israéliens se livreraient à une entreprise de manipulation. « Les services israéliens sont à la manœuvre », écrit Me William Bourdon qui dénonce une tentative de « charger à tout prix Hassan Diab » en le présentant à tort comme un membre du FPLP.

Selon les avocats de Hassan Diab, tout partirait de cette note blanche israélienne, arrivée pourtant très tardivement dans le dossier. L'ensemble des informations confidentielles provenant de services de renseignements étrangers, notamment le BKA allemand, et qui ont contribué à faire avancer l'enquête, ne seraient en réalité que des tuyaux frelatés colportés par Israël. « L'influence des services israéliens sur les services allemands notamment depuis l'attentat de Munich est établie », écrivent les avocats qui dénoncent « l'interventionnisme » du Mossad dans cette affaire. L'enquête de la brigade criminelle et des magistrats qui se sont succédé ne serait donc bâtie que sur un fatras de ragots et d'infos bidon ? Le juge Marc Trévidic aurait été sans le savoir sous l'influence des services secrets israéliens ? C'est faire peu de cas des nombreux éléments à charge recueillis depuis le début de l'affaire sans le concours de l'État hébreu : le portrait-robot établi par les policiers français et qui s'est avéré être d'une ressemblance troublante avec les photos d'identité de Hassan Diab. Les multiples expertises de la fiche d'hôtel remplie par le poseur présumé de la bombe et qui établissent de nombreuses similitudes avec l'écriture de Hassan Diab. Le passeport de Hassan Diab retrouvé à Rome et ses explications alambiquées sur la perte dudit passeport. Les témoignages de Youssef El-Khalil et de son épouse qui attestent de l'appartenance de Hassan Diab aux différentes structures du FPLP. Sa proximité avec Faten Faour, elle-même ancienne du FPLP. Le témoignage de Philippe Gruselle, l'ancien vigile du magasin de Montparnasse, qui a formellement reconnu Hassan Diab. Le témoignage de Belinda Fuller sur les confidences que lui aurait faites Hassan Diab, les écoutes téléphoniques et l'étrange attitude de la belle-famille de Hassan Diab... Tous ces éléments qui convergent dans la même direction n'ont pas été murmurés par le Mossad aux oreilles des enquêteurs français.

Dans une affaire criminelle, c'est le rôle des avocats de la défense de faire feu de tout bois et d'exploiter la moindre faille relevée dans le dossier. Il est plus rare que leurs arguments emportent à ce point la conviction des magistrats. Dans leur ordonnance de non-lieu, les juges Jean-Marc Herbaut et Richard Foltzer s'étonnent que les autorités israéliennes soient « restées jusque-là étrangement silencieuses ». S'interrogeant sur le caractère tardif de la communication israélienne, les magistrats soulignent : « Le fait que des renseignements importants, prétendument recueillis en 1984, ne soient communiqués par les autorités israéliennes concernées au premier chef par cet attentat aux autorités françaises qu'en 2017, soit trente-trois ans plus tard, et alors que le dossier est dans la phase finale de l'instruction, nourrit évidemment la suspicion. » L'argumentation des juges a tout de même de quoi laisser songeur : la justice française – qui n'a pas fait preuve d'une très grande célérité dans cette affaire – décide au bout de trente-sept ans de solliciter les Israéliens. Ces derniers jouent le jeu et font parvenir vingt mois plus tard une synthèse des renseignements en leur possession. La transmission d'informations confidentielles entre les services secrets d'un pays et la justice d'un autre État n'est quand même pas une mince affaire.

Tout compte fait, vingt mois, ce n'est pas un délai scandaleux eu égard aux précautions à prendre et à la pesanteur administrative propre à chaque pays.

Mais les magistrats parisiens trouvent ça trop lent et même un peu louche. Dans leur ordonnance de non-lieu, ils déplorent ce qu'ils considèrent être un manque d'empressement de leurs interlocuteurs « alors que – écrivent-ils – Ies autorités israéliennes étaient concernées *au premier chef* par cet attentat ». Au premier chef ? L'expression n'est-elle pas impropre, voire déplacée ? N'est-ce pas plutôt la France qui est d'abord concernée au premier chef par cet attentat ? C'est une synagogue parisienne qui a été attaquée. L'explosion a eu lieu dans une rue en plein centre de la capitale. Les fidèles qui étaient visés étaient tous Français. Les quarante personnes qui ont été blessées étaient toutes Françaises. Trois des victimes qui ont été tuées, parce qu'elles n'avaient d'autre tort que de passer rue Copernic à cet instant, étaient françaises. La quatrième était une touriste israélienne qui passait là, par hasard. À quarante ans de distance, cette expression ne résonne-t-elle pas comme en écho à la gaffe de Raymond Barre restée présente dans les mémoires ? Le soir même de l'attentat, le Premier ministre de l'époque avait déploré que la bombe « ait tué des Français innocents qui traversaient la rue Copernic » alors qu'elle visait, soulignait-il – au premier chef, serait-on tenté de dire – « des israélites qui se rendaient à la synagogue ».

À quoi peuvent bien songer les juges lorsqu'ils font planer le soupçon sur l'attitude « étrangement silencieuse » des Israéliens ? Pour quelle raison obscure les services de renseignement de Jérusalem auraient-ils eu intérêt à dissimuler des informations – dont ils auraient été les seuls détenteurs – concernant l'attaque d'une synagogue parisienne ? Quel secret inavouable auraient-ils gardé pour eux, quelle vérité gênante auraient-ils empêché d'éclore ? L'ordonnance de non-lieu alimente la suspicion mais n'apporte aucune réponse ou éclairage sur ce point.

Chapitre 22
Morts à crédit

L'ordonnance de non-lieu rendue par les juges d'instruction recèle d'autres particularités. Poursuivant leur raisonnement en faveur de Hassan Diab et s'inquiétant de possibles « manipulations de l'enquête judiciaire », les juges s'interrogent sur la fiabilité des renseignements transmis par les Israéliens. Ils émettent l'hypothèse que ces derniers aient pu chercher à orienter les recherches vers le FPLP alors que d'autres pistes étaient envisageables. À cet égard, les magistrats écrivent : « Ces renseignements ciblent le FPLP-OS, émanation d'une organisation palestinienne, le FPLP, *qui bénéficiait d'un certain crédit* dans plusieurs pays occidentaux à la différence du groupe Abou Nidal, unanimement condamné pour ses actions terroristes et qui pouvait légitimement être soupçonné de cette attaque contre la synagogue de la rue Copernic compte tenu du mode opératoire et de la cible choisie. »

Ce dernier passage résonne étrangement. Afin de mettre en doute l'implication du FPLP – ou d'une de ses filiales – et suggérer qu'un autre groupe terroriste serait peut-être à l'origine de l'attentat, les magistrats semblent vouloir lui décerner un brevet de semi-respectabilité. En vertu de quelles actions le FPLP bénéficierait-il d'un « certain crédit » auprès de pays européens ? Comment serait-il envisageable de ne pas « condamner unanimement » les attentats qu'il a perpétrés depuis un demi-siècle ? Aucun système judiciaire occidental n'a jamais considéré que le FPLP fût un mouvement fréquentable. Aucun gouvernement ne leur a accordé la moindre reconnaissance. Et pour cause ! Le FPLP est encore aujourd'hui officiellement considéré comme une organisation terroriste par les États-Unis, l'Union européenne, le Canada, L'Australie et le Japon. Ses leaders ont toujours été *persona non grata* sur le territoire français, précisément en raison du caractère terroriste de l'organisation. Cette inscription du FPLP sur la liste noire de l'ensemble des pays occidentaux n'est pas de pure forme. Fondée en 1967 par le tristement célèbre Georges Habache, l'organisation d'inspiration marxiste a perpétré depuis un demi-siècle des dizaines d'attentats sanglants – en Israël mais aussi en Europe – dont certains ont eu un retentissement mondial. À ce titre, le groupe clandestin est considéré comme l'un des précurseurs du terrorisme moderne. Est-il besoin de rappeler les plus marquants de ces attentats qui ont jalonné l'histoire du groupe terroriste palestinien ?

Pour mémoire, on peut citer l'explosion en vol d'un avion de la Swissair à destination de Tel-Aviv, le 21 février 1970. Une bombe avait été placée dans la soute au départ de Zurich. Quarante-six morts. Six mois plus tard, en septembre 1970, le FPLP organise le plus grand détournement d'avion de toute l'histoire de l'aviation. Trois appareils de compagnies occidentales sont contraints de se dérouter et d'atterrir à Zarka en Jordanie. Plus de trois cents passagers sont retenus en otages. L'opération vise à obtenir la libération de terroristes palestiniens détenus dans des prisons européennes pour des attentats précédents. Sous la pression, les autorités des différents pays occidentaux concernés cèdent aux demandes des preneurs d'otages et libèrent les terroristes.

Le 26 mai 1972, un commando du FPLP ouvre le feu sur des touristes à l'aéroport de Lod, Tel-Aviv. Vingt-six personnes sont tuées dont dix-sept pèlerins chrétiens originaires de Porto Rico. À mettre aussi au crédit du FPLP, l'attentat aux jeux Olympiques de Munich en 1972. Onze athlètes israéliens sont assassinés lors de la prise d'otages. La tuerie est revendiquée par un groupe palestinien baptisé « septembre noir ». On le sait aujourd'hui, derrière la façade de cette signature clandestine, le groupe septembre noir était l'émanation de plusieurs factions palestiniennes dont le FPLP qui y jouait un rôle prépondérant. C'est encore le FPLP qui est à l'origine en juillet 1976 du célèbre détournement de l'Airbus d'Air France sur Entebbe, en Ouganda. Lors de cette prise d'otages, les terroristes procédèrent à un tri sordide entre les passagers juifs et non juifs en se basant sur les prénoms et noms de famille relevés sur les passeports.

Le FPLP a frappé aussi en France. L'organisation terroriste avait à son service un homme de basses besognes particulièrement redoutable en la personne du terroriste international Ilich Ramirez Sanchez dit « Carlos ». De nationalité vénézuélienne, idéologue marxiste forcené, mégalomane et narcissique, fieffé antisémite, partisan de l'action violente, Carlos était dans les années 1980 responsable de la branche du FPLP chargée de commettre des attentats en Europe : grenade jetée au *Drugstore Publicis* de Saint-Germain-des-Prés, tir de roquettes contre un avion d'El Al à Orly, voiture piégée rue Marbeuf, bombes dans les TVG Marseille-Paris et le train Capitole Paris-Toulouse, assassinat de deux policiers de la DST rue Toullier à Paris… Dans une interview exclusive à un journal arabe lors de sa cavale, le chef terroriste s'est vanté d'avoir au cours de sa « carrière » tué quatre-vingts personnes. « Personne n'a exécuté plus de personnes que moi, dans la résistance palestinienne », a-t-il à nouveau fanfaronné lors de l'un de ses procès devant la cour d'assises spéciale de Paris, en 2017. Capturé en 1994, Carlos purge aujourd'hui plusieurs peines de réclusion criminelle à perpétuité. Il est incarcéré à la centrale de Poissy en région parisienne.

Opposé à tout accord de paix avec Israël, le FPLP n'a jamais renoncé à perpétrer des attentats contre l'État juif. Depuis le début de la seconde intifada, en septembre 2000, des dizaines de civils israéliens ont trouvé la mort et des centaines ont été blessés dans des opérations menées par cette organisation. Voilà donc, rappelé à grands traits, les états de service du groupe terroriste palestinien auquel les magistrats français ont accordé un « certain crédit » dans leur ordonnance de non-lieu en faveur de Hassan Diab.

On a beau chercher, difficile de comprendre ce qui a pu inciter les deux magistrats parisiens à accorder à cette organisation ne serait-ce qu'une once de *crédit*, qu'il soit politique ou moral. Le FPLP n'est assurément pas un rassemblement de guérilleros folkloriques mus par un gentil romantisme révolutionnaire et disposés à s'asseoir à la table des négociations à la première occasion. C'est un mouvement violent, fanatique et antisémite. Marxiste à l'origine, à une époque où cette idéologie semblait trouver un écho dans le monde arabe, il planifie aujourd'hui des attentats en coordination avec divers groupes djihadistes.

On ne voit vraiment pas quelle circonstance atténuante, quelle contingence historique pourrait conduire à ne pas *condamner unanimement* – pour reprendre la formulation de l'ordonnance de non-lieu – les attentats sanglants perpétrés par le FPLP au même titre que ceux commis par d'autres organisations terroristes. Et pour tout dire, on a du mal à saisir le raisonnement des juges visant à dédouaner Hassan Diab. Si le professeur de sociologie d'Ottawa est étranger à l'attentat de la rue Copernic, pourquoi essayer de redorer le blason du FPLP d'une manière aussi peu conforme à la réalité des faits ? On n'imagine pas une seconde que des magistrats français aient voulu légitimer l'idéologie et encore moins les actions de l'organisation palestinienne. Est-ce parce que l'enquête a tout de même établi une proximité certaine de Hassan Diab avec ce groupe terroriste que les juges d'instruction ont alors suggéré – maladroitement – que la piste du FPLP n'était peut-être la bonne et qu'elle aurait été inspirée par des Israéliens animés d'obscurs desseins ? C'est en tout cas après avoir exposé tous ces arguments que les juges ont rendu leur non-lieu et laissé repartir l'universitaire canadien vers ses chères études.

Chapitre 23
Cinquante ans de lâchetés et de compromissions

Hassan Diab n'est pas le seul suspect dans une affaire de terrorisme à avoir bénéficié d'une libération. C'est une tradition bien ancrée en France (et en Europe) de se débarrasser des *fedayins* palestiniens lorsque, au gré de leurs pérégrinations, ces derniers se sont retrouvés aux prises avec la justice, à l'occasion d'un contrôle de police intempestif ou de la bourde d'un fonctionnaire trop zélé. La plus emblématique de ces tribulations est sans doute l'affaire Georges Habache qui, dans les années 1990, a suscité un gigantesque scandale politico-judiciaire doublé d'une crise diplomatique.

Le mercredi 29 janvier 1992, à 21 h 40, un Mystère 20 d'une compagnie privée en provenance de Tunis se pose sur l'aéroport du Bourget, au nord de Paris. L'appareil est affrété par la Croix-Rouge française. À son bord, Georges Habache, le fondateur du FPLP. C'est un chef vieillissant et malade qui vient se faire soigner en France. Quelques jours auparavant, l'état de santé du sexagénaire s'est dégradé. Il présente entre autres symptômes une aphasie qui évoque un léger AVC. Impuissants et mal équipés, les médecins tunisiens ont recommandé une hospitalisation en France. La Croix-Rouge française, à l'époque présidée par l'ancienne ministre socialiste Georgina Dufoix, a été contactée. La demande a été transmise au Quai d'Orsay, au ministère de l'Intérieur, à Matignon et à l'Élysée. La DGSE n'aurait soulevé aucune objection, assurant que le chef du FPLP n'est impliqué dans aucune affaire judiciaire en France. Seul Jacques Fournet, le directeur de la DST, aurait quelque peu tiqué, mais bon… Le feu vert est donné pour que sa venue en France « à titre humanitaire » s'effectue dans la discrétion.

À Paris, au moins une quarantaine de haut fonctionnaires, membres des cabinets ministériels et chefs de la police, sont au courant de l'arrivée de ce malade très particulier. À Tunis, le *téléphone arabe* a aussi fonctionné. Un correspondant local a prévenu Gérard Sebag, le directeur de l'information de la télévision publique Antenne 2, qui dépêche au Bourget une équipe de reportage. Cantonnés à l'extérieur de l'aéroport, les téléobjectifs des caméras de la chaîne française parviennent à saisir à travers le grillage l'image d'un George Habache affaibli en train de descendre de la passerelle d'avion.

Le chef du FPLP est hospitalisé aux fins d'examens à l'hôpital de la Croix-Rouge Henry-Dunant, dans le 16e arrondissement de Paris. Mais pour la discrétion, c'est raté. Sitôt le scoop de France 2 rendu public, le scandale se répand comme une traînée de poudre. L'ensemble des médias relayent l'information. La classe politique demande des explications. L'opposition mène le bal. Au sommet de l'État, la crise est accentuée par une relative vacance du pouvoir. Le président de la République François Mitterrand est en voyage officiel au sultanat d'Oman en compagnie de son ministre des Affaires étrangères Roland Dumas. François Mitterrand, qui a affirmé par la suite ne jamais avoir été informé de cette affaire avant qu'elle n'éclate, aurait appris la présence du chef terroriste à Paris lors d'un déjeuner sur le yacht du sultan. Selon *Le Monde*, le président de la République se serait exclamé : « Mais ils sont fous ou quoi ? » Rue Michel-Ange, des barrières métalliques ont été disposées pour maintenir à distance la petite foule des journalistes, photographes de presse et équipes de télévision qui font le pied de grue devant l'hôpital de la Croix-Rouge. Des tireurs d'élite du Raid ont pris position pour protéger le bâtiment.

L'arrivée subreptice du chef et fondateur du FPLP fait soudainement remonter de vieilles affaires à la surface. Certains responsables politiques commencent à se souvenir que l'organisation palestinienne est impliquée dans de nombreux attentats commis à l'étranger, mais aussi en France ou contre des intérêts français. Très vite, la question qui fâche est posée : quelle est réellement la situation judiciaire de George Habache ? N'est-il pas personnellement visé par une ou plusieurs procédures anciennes qui n'auraient pas encore été closes ? La justice française n'est-elle pas fondée à lui demander des comptes ? Une notice confidentielle de la DST sur la situation pénale du pensionnaire de l'hôpital Henry-Dunant est transmise en urgence à l'Élysée. On en ignore son contenu exact. Un certain flottement se fait sentir dans les réponses des responsables interpellés à ce sujet. Un vent de panique se met à souffler dans les ministères concernés.

La résolution de la crise va donner lieu à un festival de déclarations bancales, de faux-semblants et de procédures tronquées digne de figurer dans les annales. Dès le lendemain, le 30 janvier, le juge antiterroriste Jean-Louis Bruguière annonce qu'il souhaite interroger Georges Habache. Sur quel dossier ? La tuerie du Drugstore, le détournement d'un avion d'Air France sur Entebbe ou l'un des nombreux attentats de ces vingt dernières années dans lesquels l'on retrouve la trace du FPLP ? Non. Le juge Bruguière n'a, semble-t-il, trouvé dans ses archives qu'une obscure affaire de cache d'armes découverte en 1986 dans la forêt de Fontainebleau, en région parisienne. Le soir même, le magistrat se rend à l'hôpital de la Croix-Rouge où il place – de manière très formelle – Georges Habache en garde à vue pour « association de malfaiteur en relation avec une entreprise terroriste » et « infraction sur la détention d'armes, de munitions et d'explosifs ». Mais les médecins considèrent que l'état de santé de Georges Habache est incompatible avec un interrogatoire. De toute façon, le chef terroriste refuse de recevoir ses visiteurs. Les policiers de la DST et le juge antiterroriste font antichambre dans les couloirs de l'hôpital, en attendant qu'un collège de deux médecins experts mandatés par la justice confirme ou non le diagnostic de ceux de la Croix-Rouge. Georges Habache refuse également de les recevoir. Nouvelle série de négociations et de contacts diplomatiques. Un second collège de quatre experts se rend le vendredi 31 janvier à l'hôpital pour examiner le malade. Peu après minuit, les quatre médecins déclarent que l'état de santé de Georges Habache est incompatible avec une audition. La garde à vue est levée à 2 heures du matin.

Le samedi 1er février, trois jours après son arrivée en France, Georges Habache quitte l'hôpital de la Croix-Rouge à bord d'une voiture diplomatique de la délégation générale de Palestine en France. Au même moment, le ministère de l'Intérieur publie un communiqué : « M. Georges Habache n'est plus l'objet d'aucun mandat, ni national, ni international. Il n'existe plus aucune raison juridique pour le retenir sur le territoire national. » À 15 h 30, le chef du FPLP décolle de l'aéroport d'Orly à bord d'un jet privé immatriculé en Algérie et affrété par l'Organisation de libération de la Palestine. Des équipes de télévision présentes dans le hall de l'aérogare sont sérieusement bousculées par des forces de l'ordre qui ont pour mission de les empêcher d'immortaliser le départ du terroriste palestinien. Au loin, à travers les baies vitrées, on distingue la silhouette voûtée du vieil homme gravissant le petit escalier qui le conduit à la carlingue.

Pour justifier le départ précipité de cet encombrant visiteur, les autorités françaises précisent donc s'être assurées au préalable qu'aucun mandat d'arrêt international émis par un pays occidental ou par Israël ne visait George Habache. Cette affirmation sera pourtant démentie dans les jours suivants par les autorités israéliennes furieuses de la tournure prise par l'événement. Répondant le 5 février 1992 à une question orale devant la Knesset, le ministre des Affaires étrangères David Lévy indique qu'il avait au contraire transmis un message très clair à la France, dès le lendemain de l'arrivée de Georges Habache à Paris, annonçant qu'Israël se préparait à demander son extradition. « La libération et le départ du chef du FPLP soulèvent des questions sur les principes qui régissent le terrorisme en France. Cela n'ajoute rien à l'honneur de la France, de sa démocratie et de ses institutions », tempête le chef de la diplomatie israélienne.

Le scandale provoqué par l'hospitalisation à Paris de Georges Habache a entraîné une série de démissions et limogeages en cascade comme rarement on a vu dans l'histoire récente de la République. Officiellement, les plus hautes autorités de l'État n'étaient donc pas au courant de la venue inopinée en France du responsable palestinien. Ce sont les traditionnels fusibles de la haute fonction publique qui ont fait office de victimes sacrificielles. Le jour du départ du chef terroriste Bernard Kessedjian, le directeur de cabinet du ministre des Affaires étrangères Roland Dumas annonce sa démission. De même que François Scheer, le secrétaire général du Quai d'Orsay. De même que Christian Vigouroux, le directeur de cabinet du ministre de l'Intérieur Philippe Marchand. La semaine suivante, l'ancienne ministre Georgina Dufoix est congédiée de son poste de présidente de la Croix-Rouge française. (Lorsque la tempête sera passée, Bernard Kessedjian sera nommé ambassadeur de France en Algérie et François Scheer ambassadeur en Allemagne.)

Une commission d'enquête parlementaire

Le séisme de l'épisode Habache a laissé des traces. Une commission d'enquête sénatoriale a été constituée avec pour mission de faire toute la lumière sur ce « dysfonctionnement de l'appareil d'État » qualifié aussi de « malheureuse affaire ». Les deux cent soixante-treize pages du rapport de cette commission d'enquête parlementaire sont toujours disponibles sur Internet. Leur lecture attentive apporte quelques éclairages sur les tenants et les aboutissants du fiasco politique, diplomatique et judiciaire.

La totalité des personnes auditionnées par la commission, ministres, membres des cabinets, responsables des services de police… s'en tiennent à une ligne : le dossier Georges Habache était vide. Il ne faisait l'objet d'aucun mandat d'arrêt national ou international. Le directeur de la DST, Jacques Fournet, confirme néanmoins avoir remis une « biographie » du chef palestinien dès le lendemain de son arrivée en France au secrétaire général de l'Élysée, Hubert Védrine. Que contenait cette fiche biographique ? Peu disert, le patron de la DST se borne à évoquer l'affaire de la cache d'armes de Fontainebleau. Les sénateurs ne manifestent pas plus de curiosité. Dans leur rapport, ils s'en tiennent à des considérations générales et lénifiantes : « Force est de constater que la dimension "*terroriste*" de M. Georges Habache semblait plus nettement perçue à la DST et dans la magistrature qu'au Quai d'Orsay », écrivent-ils. Dans leurs conclusions, les sénateurs ajoutent, toujours dans un style elliptique : « En fait, seule la DST disposait d'éléments suffisamment étayés pour prévoir qu'une audition par le magistrat instructeur était évidente dès lors que Georges Habache pénétrait sur le territoire français. » Comme ces choses-là sont dites avec délicatesse ! On n'en saura guère plus sur le pedigree du chef du FPLP.

À la lecture des trois cents pages du rapport, on constate avec quel soin l'ensemble des intervenants s'est attaché à édulcorer le profil de Georges Habache. C'est un ancien chef terroriste, certes (et encore, le mot est employé avec moult précautions), mais qui aurait, assurent les responsables français, renoncé depuis longtemps à la violence (ce qui n'est pas exact). « M. Habache ne dirigeait plus et depuis longtemps un réseau terroriste. C'est un personnage emblématique et un chef historique de la résistance palestinienne », estime François Scheer, l'ex-secrétaire général du Quai d'Orsay, contraint quelques semaines plus tôt à la démission. Pierre Lafrance, le directeur d'Afrique du Nord et du Moyen-Orient au ministère, explique que Georges Habache « ne peut pas être comparé aux autres terroristes » [*sic*]. Usant d'un langage choisi, le diplomate français qualifie le chef du FPLP de « centriste » sur l'échiquier politique palestinien avant de disserter sur le bon et le mauvais usage du terrorisme.

« Chacun sait au Quai d'Orsay que Georges Habache a renoncé dès 1972 aux *actions extérieures* (c'est ainsi que Pierre Lafrance qualifie les attentats commis en Europe) et que les attentats très spectaculaires commis par les membres du FPLP relevaient plus du sabotage que du terrorisme. Capturer un avion, en libérer tous ses passagers avant de brûler l'appareil, ce n'est tout de même pas comparable à une prise d'otages ou à une attaque contre des civils innocents. Quant à ce que l'on a pu prêter à Georges Habache de complicité dans des affaires très graves qui ont eu pour cadre l'Europe, je ne sache pas qu'on n'en ait jamais eu la preuve », plaide le responsable du ministère des Affaires étrangères devant la commission d'enquête sénatoriale. Il ajoute : « Lorsque le personnage n'est pas, à l'évidence, absolument repoussant, lorsqu'il a même certains aspects respectables, l'action humanitaire me semble avoir moins de répercussions politiques gênantes que s'il s'était agi d'un authentique terroriste. » Puis il conclut : « C'est un chef palestinien en situation de congé maladie de longue durée ou préretraite. »

Toutes les auditions sont du même registre. Les responsables auditionnés utilisent les mêmes arguments, le même vocabulaire, les mêmes expressions, comme si tout cela avait été un peu préparé d'avance. Roland Dumas, le très influent ministre des Affaires étrangères, qui a été épargné par les conséquences du scandale et reconduit dans le nouveau gouvernement, vient à son tour déposer : « Georges Habache appartient à un mouvement qui s'est longtemps réclamé du terrorisme mais il s'est prononcé pour le processus de paix. Il a renoncé de ce fait à l'action terroriste à laquelle il a pu être mêlé dans le passé. » Ces affirmations péremptoires de Roland Dumas sont rigoureusement inexactes. Le FPLP était à l'époque opposé à tout accord de paix ou négociation avec Israël, comme il le demeure aujourd'hui.

Avec force litotes, circonlocutions et euphémismes (à l'époque on ne disait pas « éléments de langage »), Ivan Barbot, le chargé de mission pour la sécurité de l'ex-Première ministre Édith Cresson, tente d'expliquer comment la venue du chef palestinien a été validée par l'*Hôtel Matignon* : « Georges Habache est un chef charismatique, on peut même dire emblématique, de la résistance palestinienne. Il y est immergé depuis longtemps. Il en a été l'un des inspirateurs, l'un des acteurs extrêmement actifs. Il semblerait que, depuis quelques années, il se soit situé à un niveau différent du plan d'exécution qu'ici et là on a pu lui reprocher. C'est un personnage considérable, sans que l'on puisse affirmer, au moins dans l'état actuel de mes souvenirs et de mes informations, qu'il soit un terroriste recherché. » L'ex-Première ministre Édith Cresson vient valider cette ligne de défense : « Son action appartient au passé. C'est un terroriste à la retraite », dit-elle au Sénat.

Pourquoi alors un tel scandale ? Pourquoi ces démissions en cascade, puisqu'il ne se serait finalement rien passé, ou pas grand-chose ? Certains ne sont pas loin d'envisager une conspiration visant à saper les intérêts français au Moyen-Orient et à déstabiliser notre diplomatie. « On a cherché par la suite, en dehors de l'hexagone, à exploiter cette affaire contre la France », déplore François Scheer, l'ex-secrétaire général du Quai d'Orsay. Qui donc ? Nul n'est cité, mais l'insinuation d'un complot israélien est translucide. Détail piquant, parmi les membres de la commission d'enquête, il y a un jeune sénateur. Il a 41 ans, il s'appelle Jean-Luc Mélenchon et a rejoint le Parti socialiste après avoir longtemps milité à l'extrême gauche. À travers les questions qu'il formule au fil des auditions, il livre aussi son sentiment sur l'affaire Habache dont il estime qu'elle est « dominée par nos fantasmes ». Il donne raison au secrétaire général du Quai d'Orsay. Il évoque un « coup tordu », une « manipulation de l'opinion » et fait savoir publiquement qu'il considère l'intérêt de cette commission d'enquête comme « parfaitement dérisoire ». Pour celui qui, trente ans plus tard, retournera à ses premières amours en devenant le *lider maximo* de la gauche radicale française, Georges Habache n'est que le « responsable d'une formation politique » palestinienne au sujet duquel Jean-Luc Mélenchon ne comprend pas pourquoi on lui demande des comptes sur la manière dont « il a pu exercer son travail ».

L'exfiltration d'Abou Daoud

L'affaire George Habache n'est pas un cas isolé. Quinze ans auparavant, la France avait déjà connu un scandale similaire lors de l'interpellation d'Abou Daoud, un autre chef terroriste, considéré comme le cerveau de l'attentat des jeux Olympiques de Munich. Début janvier 1977, Abou Daoud, de son vrai nom Mohammed Daoud Odeh, se rend en France pour assister aux obsèques de Mahmoud Saleh, gérant de la Librairie arabe au quartier latin, assassiné à Paris dans des circonstances obscures. Son métier de libraire n'était, semble-t-il, qu'une couverture à des activités plus discrètes en faveur de la cause palestinienne. À l'occasion de son décès, plusieurs responsables de l'Organisation de libération de la Palestine reçoivent l'autorisation de se rendre à Paris. Parmi eux, Abou Daoud, porteur d'un passeport irakien au nom de Youssef Raji Hana, complaisamment délivré par les autorités de Bagdad. L'ambassade de France à Beyrouth lui accorde un visa. Le 6 janvier, il est reçu au Quai d'Orsay avec les autres membres de la délégation palestinienne pour des contacts informels. Son séjour dans la Ville lumière s'annonce sous les meilleurs auspices. À ceci près qu'il fait aussi l'objet d'une filature et d'une enquête de la DST. Les policiers de la DST s'interrogent sur ce mystérieux hôte irakien dont le nom n'apparaît dans aucun de leurs fichiers. Ils sollicitent l'expertise de services de renseignement étrangers amis. Les Israéliens leur répondent aussitôt que Youssef Raji Hana et Abou Daoud ne font qu'un. Les Allemands réagissent de concert et préviennent leurs homologues français qu'ils recherchent Abou Daoud, en raison de son rôle prédominant dans l'organisation de l'attentat des jeux Olympiques de Munich.

Le lendemain de sa réception au Quai d'Orsay, le vendredi 7 janvier 1977 en début de soirée, des inspecteurs de la DST interpellent Abou Daoud dans son hôtel cossu de la rue du Faubourg-Saint-Honoré, situé à quelques centaines de mètres de l'Élysée. L'annonce de l'arrestation à Paris du terroriste palestinien déclenche une tempête politique et judiciaire internationale. Dès le lendemain, le samedi 8 janvier, les autorités allemandes lancent une procédure d'extradition du cerveau de l'attentat des jeux Olympiques de Munich. Deux jours plus tard, les Israéliens leur emboîtent le pas. À Paris, un scénario de crise se met en place. Le ministre de l'Intérieur,

Michel Poniatowski, reçoit le même jour une délégation d'ambassadeurs arabes venus protester contre ce « geste inamical » de la France à l'encontre de la cause palestinienne. Le ministre se défend en rejetant la responsabilité de la situation sur les Allemands qui auraient – affirme-t-il – lancé un mandat d'arrêt, contraignant la machine judiciaire française à interpeller Abou Daoud. L'argument est difficilement recevable. C'est à l'initiative de la DST que l'arrestation a eu lieu. Les Allemands et les Israéliens ont ensuite réagi. À l'extrême gauche, plusieurs organisations menées par les trotskystes de la Ligue communiste révolutionnaire prennent fait et cause pour le chef terroriste et exigent sa libération immédiate. Des responsables politiques évoquent une menace d'attentat en représailles. *Le Monde* s'interroge sur l'attitude du ministre de l'Intérieur Michel Poniatowski décrit comme « un ami d'Israël » de longue date et se demande « si cet amateur de complot ne complote pas contre son propre gouvernement ».

Brûlant tous les délais, la chambre d'accusation de la cour d'appel de Paris se réunit en urgence le mardi 11 janvier – quatre jours après l'arrestation d'Abou Daoud – afin de statuer sur les deux demandes d'extradition présentées par l'Allemagne et Israël. Pas moins de six avocats sont présents à l'audience pour assurer la défense du chef palestinien. Trois d'entre eux – Joë Nordmann, Léo Matarasso et Louis Labadie – sont des membres ou des sympathisants très actifs du Parti communiste français. Il y a aussi Roland Dumas. Ténor du barreau, député socialiste, il est déjà un intime du futur président de la République François Mitterrand qui en fera durant deux septennats son inamovible ministre des Affaires étrangères. C'est à ce titre qu'il sera à la manœuvre, quinze ans plus tard, lors de l'affaire Habache.

Pour l'heure, les avocats d'Abou Daoud plaident l'irrégularité de sa détention. Le Palestinien est présent dans la salle d'audience exiguë de la chambre d'accusation de la cour d'appel. S'exprimant en arabe avec l'aide d'un interprète, il martèle qu'il était en « mission officielle » à Paris et que son arrestation est fondée sur un « motif politique ». L'avocat général Georges de Sablet prend à son tour la parole. Il donne raison à la défense du chef terroriste et qualifie « d'irrégulière » sa détention. Il rejette les demandes d'extradition allemandes et israéliennes en invoquant des arguments de pure forme qui laisseront dubitatif plus d'un juriste. La chambre d'accusation se range à son avis et ordonne la remise en liberté d'Abou Daoud. Le cerveau de l'attentat des jeux Olympiques de Munich s'envole le jour même pour Alger où il est accueilli en héros avec les honneurs réservés aux dignitaires et chefs d'État. Le gouvernement allemand émet une protestation de principe. Ce n'est un secret pour personne que la décision française de laisser repartir le chef terroriste a été ressentie outre-Rhin avec un soulagement à peine dissimulé. À Bonn, aucun responsable ne souhaitait vraiment devoir prendre en charge un justiciable aussi encombrant et affronter la menace de nouveaux attentats terroristes.

Il en va tout autrement en Israël où la remise en liberté d'Abou Daoud provoque la colère des dirigeants de l'État juif. Le non-respect par la France de la convention d'extradition entraîne le rappel de l'ambassadeur d'Israël en France et une grave crise diplomatique entre Paris et Jérusalem. Plus encore qu'en Allemagne, l'assassinat en septembre 1972 des onze athlètes israéliens a été vécu en Israël comme un drame national.

Abou Nidal et le pacte du *Lido*

Cette attitude française vis-à-vis du terrorisme palestinien – faite d'un mélange de lâcheté, de duplicité et de navigation à courte vue – s'est illustrée aussi dans la gestion du dossier Abou Nidal. De son vrai nom Sabri Khalil al-Banna, Abou Nidal était le fondateur d'un groupe terroriste « dissident » soutenu et financé par l'Irak de Saddam Hussein. Il fut, dans les années 1980, l'organisateur d'attentats commis dans une vingtaine de pays dont de nombreux États européens, lors desquels plus de trois cents personnes ont été tuées. Le plus sanglant de ces attentats fut l'attaque simultanée des comptoirs de la compagnie israélienne El Al dans les aéroports de Rome et de Vienne, en décembre 1985. Vingt passagers avaient été assassinés et de nombreux autres blessés. En France, le groupe Abou Nidal est à l'origine de l'attentat contre le restaurant juif *Jo Goldenberg*, rue des Rosiers à Paris, en août 1982. Six clients et serveurs avaient été tués. Durant toutes ces années où ils semaient la terreur en Europe, Abou Nidal et son organisation furent présentés par les médias et les pouvoirs publics comme un « groupe insaisissable » dont l'aptitude à la clandestinité rendait vaine par avance toute tentative de recherche et d'arrestation.

Or, la réalité était toute autre. Elle a été révélée par Raymond Nart, l'ancien directeur adjoint de la DST, dans ses mémoires, *Carnets intimes de la DST. 30 ans au cœur du contre-espionnage français*, publiées chez Fayard en 2003. Dans cet ouvrage, rédigé sous forme d'interview avec les journalistes Éric Merlen et Frédéric Ploquin, Raymond Nart raconte cet épisode étonnant. *« Il m'est arrivé d'avoir des discussions, pour éviter des attentats. Ce fut le cas avec le mercenaire du terrorisme Abou Nidal. Après l'attentat de la rue des Rosiers à Paris, j'ai dîné au Lido avec deux de ses émissaires. Je les ai revus à Vienne, puis j'ai rencon-*

tré Abou Nidal lui-même à Alger. La France a fini par libérer deux de ses proches, qui avaient effectué la moitié de leur peine. Ainsi avons-nous empêché une possible vague d'attentats ».

On a quelque difficulté à imaginer la scène : l'un des plus hauts responsables de la police française passant un gentlemen's agreement avec deux terroristes palestiniens, attablés autour d'une bouteille de champagne, entourés de danseuses légères, lors d'une soirée au mythique cabaret des Champs-Élysées. Abou Nidal et ses hommes n'étaient donc pas si injoignables qu'on voulait bien le dire. Ils avaient pignon sur rue dans plusieurs capitales arabes qui leur offraient aide et assistance. Ils étaient hébergés par des pays du Proche-Orient et du Maghreb avec lesquels la France entretenait des relations diplomatiques et sécuritaires étroites. Ils étaient même disposés à venir à Paris, passer une soirée au *Lido* au milieu des *Bluebell Girls*, pour discuter d'un arrangement visant à épargner la France de leur fureur révolutionnaire. Curieusement, ces révélations au détour d'une page des mémoires de Raymond Nart n'ont suscité aucune réaction lors de la publication de l'ouvrage, en 2003.

Quelle était la nature du pacte du *Lido* passé entre la DST et les émissaires d'Abou Nidal ? Yves Bonnet, l'ex-patron de la DST et supérieur hiérarchique de Raymond Nart, a confirmé de manière officielle le récit de son ancien adjoint tout en y apportant des précisions. En janvier 2019, Yves Bonnet est interrogé comme témoin par un juge du pôle antiterroriste dans le cadre de la relance de l'enquête sur l'attentat de la rue des Rosiers contre le restaurant juif *Jo Goldenberg*.

Yves Bonnet avait pris ses fonctions à la tête de la DST en 1982, quelques mois après l'attentat. Trente-sept ans plus tard, le retraité des services secrets est peut-être en mesure de livrer des pistes ou au moins des éclairages aux enquêteurs. C'est pour cette raison que le magistrat l'a convoqué. Face au juge d'instruction, l'octogénaire revient sur les contacts et les négociations que la DST a menés avec l'organisation d'Abou Nidal. « On a passé une sorte de deal verbal en leur disant : je ne veux plus d'attentat sur le sol français et, en contrepartie, je vous laisse venir en France, je vous garantis qu'il ne vous arrivera rien. » Ces déclarations, qui figurent sur le procès-verbal d'audition, confirment l'existence d'un accord secret entre la France et le groupe terroriste palestinien. En 1982, l'espace judiciaire de Schengen n'existait pas encore. En matière de lutte antiterroriste, la tentation était forte pour chaque pays européen de pratiquer la politique de l'autruche : tolérer sur son propre territoire les allées et venues des activistes palestiniens et leur demander en contrepartie d'aller faire exploser leurs bombes chez les voisins.

Pour la première fois, en janvier 2019, l'ancien numéro un de la Direction de la sûreté du territoire a donc reconnu devant la justice l'existence d'un accord secret entre la France et Abou Nidal, passé après la tuerie de la rue des Rosiers. Les enquêteurs et magistrats qui se sont succédé durant trente ans sur ce dossier ont manifestement été tenus dans l'ignorance d'un tel pacte. Leurs homologues européens en charge des enquêtes sur les autres attentats perpétrés sur le vieux continent par le groupe Abou Nidal n'ont jamais été informés non plus du serment solennel fait aux terroristes palestiniens, un soir au *Lido*, entre deux numéros de striptease. Sur procès-verbal, Yves Bonnet a confirmé un « engagement donné aux représentants d'Abou Nidal de ne pas être poursuivis en France ». L'ex-directeur de la DST précise qu'il n'a pas rencontré lui-même les émissaires du chef terroriste : « Ce sont mes collaborateurs qui les ont vus à l'époque. Je ne vais pas les dénoncer. C'est moi qui prends la responsabilité de l'accord. » Avec le recul du temps, Yves Bonnet n'a exprimé aucun regret ou réserve. Face au juge d'instruction, l'octogénaire s'est au contraire félicité de ce pacte : « Et ça a marché, dit-il, il n'y a plus eu d'attentats à partir de fin 1983, en 1984 et jusqu'à fin 1985. Après, qu'ils commettent des attentats en Italie, par exemple, ça ne me regardait pas tant qu'il n'y avait rien sur le sol français », conclut sur le PV l'ancien maître espion français qui qualifie l'accord occulte de pacte de « non-agression ».

Le récit d'Yves Bonnet est passé moins inaperçu que celui de Raymond Nart, quinze ans auparavant. Le fait qu'il ait été livré devant un juge d'instruction et consigné sur un procès-verbal lui a conféré un caractère officiel. Le journal *Le Parisien*, le premier, s'en est fait l'écho, suivi par l'ensemble de la presse. Yves Bonnet a confirmé et assumé ses propos auprès de tous les journalistes qui l'ont contacté. La présidence de la République était-elle au courant de cet accord secret ? Yves Bonnet souligne qu'il « disait tout » à Gilles Ménage, alors directeur de cabinet de François Mitterrand. Mais officiellement, « l'Élysée ne savait rien ». Dans les semaines qui ont suivi l'audition d'Yves Bonnet, le juge d'instruction a convoqué deux autres ex-policiers, Jean-François Clair et Louis Caprioli, qui étaient responsables de la lutte antiterroriste à la DST. Tous deux se sont réfugiés derrière le « secret-défense ». Jean-François Clair a tout de même lâché : « Je ne nie pas qu'il y a eu des contacts avec Abou Nidal, ce serait mentir. » Les révélations d'Yves Bonnet ont en revanche suscité l'indignation des parties civiles dans le dossier de l'attentat de la rue des Rosiers ainsi que d'associations de victimes du terrorisme inquiètes de savoir si un tel pacte secret n'a pas influencé la conduite des investigations dans d'autres affaires. Des avocats ont réclamé la création d'une commission d'enquête parlementaire – pas uniquement sur l'affaire de la rue des Rosiers – afin de déterminer si des pactes similaires ont été passés avec d'autres groupes terroristes. Cette demande, jusqu'à ce jour, est restée lettre morte.

Chapitre 24
Le grand aveuglement

Abou Daoud en 1977, Abou Nidal en 1982, Georges Habache en 1992... On pourrait citer d'autres affaires similaires. Pour s'en tenir à ces trois épisodes, peuvent-ils apporter un éclairage sur le non-lieu accordé à Hassan Diab dans le dossier de l'attentat de la rue Copernic ? La remise en liberté du professeur de sociologie d'Ottawa, qui a pu regagner son Canada d'adoption, n'est en tout cas pas un événement isolé. Elle s'inscrit dans une longue tradition politique et judiciaire qui, depuis un demi-siècle, a placé les actions criminelles des organisations palestiniennes dans l'angle mort de la lutte antiterroriste. Les membres de groupes arabes ou palestiniens emprisonnés en France pour des attentats antijuifs ou anti-israéliens se comptent sur les doigts d'une demi-main et ne constituent que des exceptions à la règle. (Détenu en France depuis quarante ans, Georges Ibrahim Abdallah, le chef des Farl, a été condamné en 1982 à la réclusion criminelle à perpétuité par la cour d'assises de Paris pour l'assassinat de deux diplomates, l'un Israélien, l'autre Américain. Sa condamnation et sa durée de détention exceptionnelle ne sont en rien liées à la nationalité israélienne de l'une de ses victimes, mais résultent d'un accord non écrit entre les autorités françaises et américaines. Le sort du terroriste Carlos relève aussi d'un cas d'espèce. S'il a bien été l'un des hommes de main du FPLP en Europe, Carlos a été condamné à perpétuité par la justice française pour des attentats visant essentiellement des cibles françaises et en premier lieu l'assassinat de deux policiers de la DST à Paris en 1975.)

Pour le reste, les terroristes palestiniens de passage en France ont longtemps été soit ignorés, soit tolérés, soit expulsés lorsque leur présence devenait par trop visible et gênante. « Il n'a jamais été très porteur en France de monter un dossier sur une piste palestinienne. C'est le domaine de la politique et du renseignement, mais la justice n'y met pas souvent les pieds », confiait en octobre 2010 le juge Marc Trévidic au *Journal du dimanche*. Commentaire prémonitoire. Huit ans plus tard, les collègues du juge Trévidic annulaient son enquête d'un trait de plume. Pourquoi une telle mansuétude à l'égard de poseurs de bombe, de pirates de l'air, de tueurs dont le fanatisme et la dangerosité, dans les années

1970-1980, n'avaient rien à envier à celui des djihadistes d'Al Qaeda ou de Daesh d'aujourd'hui ? Il y a des raisons évidentes, même si elles sont peu glorieuses, qui relèvent tout à la fois du pragmatisme à courte vue et de la lâcheté collective. Durant des décennies, chaque État européen a géré le problème du terrorisme, en particulier celui d'origine moyen-oriental, en fonction de ses intérêts propres et dans le cadre étriqué de ses seules frontières. Cette ligne de conduite était motivée par une préoccupation immédiate. Personne ne souhaitait héberger dans ses geôles un activiste palestinien dont la détention allait immanquablement entraîner en représailles des détournements d'avion, des prises d'otages et des menaces d'attentat visant à obtenir leur libération. À cet égard, la France n'est pas l'unique pays à avoir passé un pacte de « non-agression » avec des organisations terroristes.

Cette époque est, semble-t-il, aujourd'hui révolue. Les grandes vagues d'attentats qu'a connues la France en 1986, en 1995, puis les massacres perpétrés à partir de 2012 au nom de l'État islamique et qui ont culminé en novembre 2015 avec les attaques contre le *Bataclan*, le Stade de France et des cafés parisiens, ont contribué à une prise de conscience sur la réalité du péril. Pourtant, la question se pose de savoir si le terrorisme palestinien ne continue pas de bénéficier d'un statut particulier, voire d'un préjugé favorable ?

Il suffit de consulter la presse, les déclarations de responsables politiques et les communiqués d'ONG de la mouvance islamo-gauchiste pour y déceler un ton souvent complaisant à l'égard des attentats perpétrés par le Hamas, le Jihad islamique ou le Hezbollah. Le terrorisme visant les civils israéliens y est souvent qualifié de « résistance armée » à l'occupation. Aux yeux de certains, les fusillades aveugles aux terrasses des cafés de Tel-Aviv semblent plus acceptables que celles contre les brasseries parisiennes.

Dans le dossier de l'attentat de la rue Copernic, un déni spécifique s'est peut-être aussi installé de manière insidieuse. L'attentat, qui visait une synagogue parisienne, était clairement antisémite. Même avec beaucoup de mauvaise foi et force contorsions intellectuelles, on ne voit pas très bien comment la cause palestinienne pourrait justifier du massacre de Juifs dans un quartier huppé d'une capitale européenne. La piste moyen-orientale a mis au jour une réalité difficilement supportable pour certains idéologues et responsables politiques : si des Palestiniens ont commis cet attentat, c'est donc que leur combat se nourrit – dans une large mesure – de la haine des Juifs. Or, ici en France, la lutte des Palestiniens demeure une cause sacrée. Les Palestiniens ne sauraient donc être antisémites. L'un des principes fondateurs de la bien-pensance de gauche postule depuis la seconde partie du XXe siècle que l'antisémitisme demeurerait l'apanage quasi exclusif de la droite et de l'extrême droite. Voilà sans doute pourquoi un réflexe pavlovien a conduit à décréter dès le soir de l'attentat contre la synagogue que seul un groupe nazi pouvait être à l'origine de la tuerie.

Toulouse, Montauban… encore la piste nazie

Cette tradition, visant à diriger le soupçon sur l'extrême droite en cas d'attentat, a été à nouveau reprise en chœur au début de la grande vague de terrorisme islamiste. En mars 2012, un motard casqué abat trois militaires à Toulouse et à Montauban avant d'assassiner quelques jours plus tard quatre personnes dont trois enfants à l'école juive toulousaine Ozar Hatorah. D'emblée, une partie de la presse privilégie une piste néonazie alors que le tueur en cavale, Mohamed Merah, n'est pas encore identifié. Notant que les militaires visés étaient d'origines maghrébine et antillaise, *Le Monde* s'interroge sur « un crime à connotation raciste ou communautaire ». D'autres tentent d'opérer un rapprochement avec l'affaire de trois ex-soldats du 17e régiment étranger parachutiste de Montauban, sanctionnés quatre ans plus tôt pour s'être fait photographier devant un drapeau à croix gammée en effectuant le salut hitlérien. L'hypothèse d'une vengeance fomentée par d'ex-militaires rompus au maniement des armes est avancée. Lorsque, le 19 mars, l'école juive de Toulouse est à son tour victime du même tireur sans visage, la piste néonazie est relancée de plus belle.

Dès le lendemain, *Les Inrockuptibles* font appel au sixième sens du sociologue Laurent Mucchielli pour esquisser le profil du tueur casqué. « Selon les premiers éléments de l'enquête, le meurtrier n'est pas un islamiste ou un banlieusard – les cibles favorites du débat public – mais une personne qui est apparemment issue d'un groupuscule néonazi », pronostique le chercheur dans les colonnes du mensuel culturel de la gauche bobo. Intellectuel en vue, Laurent Mucchielli est un relais dans l'opinion, un influenceur selon l'expression en vogue. C'est un universitaire, enseignant, directeur de recherche au CNRS dont il s'est vu décerner la médaille de bronze, directeur de collection dans une maison d'édition, membre du comité éditorial de plusieurs revues scientifiques. Il est fréquemment invité sur les plateaux télés et radios. Pour être complet sur son CV, il préside le *Conseil scientifique* de la très à gauche Fédération des conseils de parents d'élèves (FCPE). Au-delà de tous ses titres et états de service, sur quoi repose l'analyse à chaud de Laurent Mucchielli désignant un « groupuscule néonazi » comme responsable des tueries de Toulouse et Montauban ? Sur rien. Sur du sable, sur du vent. Cette estimation au doigt mouillé semble surtout humectée de beaucoup d'idéologie et de pas mal de fantasmes.

Lorsque, deux jours plus tard, l'identité de Mohamed Merah et son appartenance à la mouvance djihadiste seront rendues publiques, Laurent Mucchielli changera son fusil d'épaule avec autant de légèreté, trouvant au passage quelques circonstances atténuantes au terroriste. « Parmi les éléments qui contribuent à expliquer la trajectoire de ce fou meurtrier, il y a le fait qu'il a un parcours social marqué par son vécu dans des quartiers ghettoïsés », déclare cette fois l'intellectuel à l'agence Reuters. Son diagnostic à la va-vite sur les néonazis, formulé quarante-huit heures plus tôt, conférait sans nul doute au sociologue une légitimité incontestable pour commenter ce rebondissement de l'enquête.

Copernic, octobre 1980. Mohamed Merah, mars 2012. Même si le terrorisme palestinien d'il y a quarante ans et le djihadisme d'aujourd'hui fonctionnent sur des schémas différents, à plus de trente ans d'intervalle, les mêmes réactions de déni se sont mises en place, les mêmes réflexes conditionnés se sont enclenchés. Déni face au terrorisme arabo-musulman. Volonté d'allumer un contre-feu, de dresser un rideau de fumée, en organisant une vaste et vaine traque au nazi.

Toutes ces raisons – parfois obscures – permettraient-elles d'apporter un début d'explication à la décision de non-lieu rendue en janvier 2018 en faveur de Hassan Diab ? Question bien sûr sans réponse. Tout d'abord parce que Hassan Diab n'a pas encore été jugé et qu'il bénéficie, en dépit de charges très lourdes, de la présomption d'innocence. Il n'en reste pas moins que sa libération après trois ans passés dans les prisons françaises a suscité une grande surprise dans les milieux judiciaires et autant d'incompréhension chez plus d'un magistrat. Ce n'est d'ailleurs pas sans motifs sérieux qu'après une errance de trois nouvelles années dans les méandres de la procédure pénale, le non-lieu en faveur du sociologue canadien a été annulé le 27 janvier 2021 par la chambre de l'instruction de la cour d'appel de Paris. Hassan Diab a été renvoyé devant la cour d'assises. Un tel revirement est, il faut le souligner, une première dans un dossier de terrorisme.

Chapitre 25
Les incertitudes d'un procès

Plus de quarante ans après les faits, le procès de l'attentat de la rue Copernic se tiendra finalement au printemps 2023 devant la cour d'assises spéciale de Paris, composée uniquement de magistrats professionnels et compétente pour statuer sur les crimes terroristes. La machine judiciaire a fini par sortir de l'ornière dans laquelle elle se trouvait depuis la libération de Hassan Diab. Le jour même de la sortie de prison du professeur d'Ottawa, le 12 janvier 2018, le parquet a fait appel de l'ordonnance de non-lieu qui venait d'être rendue en sa faveur. Sur ce dossier, le conflit entre les juges d'instruction et les magistrats du parquet était manifeste depuis longtemps. Quelques mois auparavant, en mai 2016, une juge des libertés et de la détention (JLD) avait déjà ordonné la remise en liberté du professeur de sociologie avec assignation à résidence, sous surveillance électronique.

Cette remise en liberté était motivée par le témoignage tardif de Nawal Copty, l'ex-épouse de Hassan Diab qui, après des années de silence, avait déclaré se souvenir de la présence de son ex-mari à Beyrouth les jours précédant l'attentat. Hébergé chez des « amis parisiens » durant cette brève libération, Hassan Diab avait obtenu le droit de prendre l'air et de sortir en journée sous la bonne garde de son bracelet électronique. Après plus de trois ans à l'isolement dans une cellule de Fleury-Mérogis, le Libano-Canadien avait respecté toutes ces conditions en profitant pour marcher inlassablement dans Paris aux heures autorisées.

Inquiet de ce premier signal qu'il interprétait à juste titre comme annonciateur d'un futur non-lieu, le parquet avait fait appel de cette mise en liberté conditionnelle. Dix jours plus tard, la chambre de l'instruction se réunissait pour en débattre. Lors de l'audience, l'avocat général avait publiquement laissé apparaître la gravité du conflit avec la juge des libertés et les juges d'instruction. « Je suis effaré. Je suis même outré ! » avait-il déclaré pour blâmer la décision de ses collègues de remettre en liberté Hassan Diab. À l'issue de l'audience, après un rapide délibéré, la chambre de l'instruction avait ordonné la réincarcération immédiate de l'universitaire. Présent à l'audience, celui-ci s'était vu à nouveau passer les menottes et reconduit à la prison de Fleury-Mérogis.

Les craintes du parquet étaient fondées. Lorsqu'en janvier 2018, les juges d'instruction rendent un non-lieu, leur décision est cette fois souveraine. L'appel du parquet ne peut empêcher Hassan Diab de quitter la prison et de regagner le Canada. Une situation inhabituelle va alors s'installer. Pour une raison inexplicable, l'appel du parquet va progresser à la vitesse d'une tortue indolente. La chambre de l'instruction tarde à se réunir, puis tergiverse. Après neuf mois de réflexion, en octobre 2018, les magistrats de la cour d'appel ordonnent un supplément d'information et demandent de nouvelles expertises graphologiques (deux ont déjà été effectuées et désignent de manière plus ou moins formelle le Libano-Canadien comme étant le rédacteur de la fiche d'hôtel remplie par l'auteur présumé de l'attentat). Une audience est fixée au mois de février 2019 pour statuer au vu de ces expertises. Les résultats se font attendre. Les experts prennent manifestement leur temps. Les semaines et les mois s'écoulent. Les années défilent. Il ne se passe plus rien. Lorsque, au hasard d'une rencontre dans un couloir du Palais de justice de Paris, des journalistes évoquent le dossier Copernic et s'enquièrent de l'état d'avancement du dossier, ils ne recueillent auprès des chargés de communication du parquet que des soupirs évasifs et des regards au plafond. Les nouvelles expertises graphologiques finissent par arriver. Elles confirment les résultats des analyses précédentes. Le 27 janvier 2021 – trois ans après la libération de Hassan Diab ! –, la chambre d'instruction de la cour d'appel rend enfin son arrêt. Elle annule le non-lieu rendu par les juges Jean-Marc Herbaut et Richard Foltzer. Jamais, dans une affaire de terrorisme, des magistrats de la cour d'appel n'ont ainsi désavoué des juges d'instruction.

Les avocats de Hassan Diab annoncent un pourvoi en cassation mais cette fois, après une longue période de torpeur, la machine judiciaire semble bien relancée. La Cour de cassation ne tarde pas à trancher. En mai 2021, la plus haute juridiction française rejette l'ultime recours de la défense. Rien ne peut plus désormais empêcher la tenue du procès. Sauf rebondissement imprévu, il se tiendra durant trois semaines devant la cour d'assises spéciale de Paris à partir du 3 avril 2023. Quarante-trois ans après l'explosion de la bombe devant la synagogue de la rue Copernic.

Hassan Diab se présentera-t-il devant la cour d'assises spéciale de Paris ? Durant de longs mois, son avocat s'est refusé à toute communication sur ce point. A l'automne dernier, son comité de soutien organisait encore un meeting à Ottawa pour s'opposer à toute éventuelle extradition. Or, à quelques semaines de l'ouverture du procès, la défense du professeur de sociologie aurait donné l'assurance que Hassan Diab sera bien présent à l'audience pour défendre son innocence. C'est en tout cas ce qui se murmure au palais de justice de l'Île de la Cité. L'avocat de Hassan Diab, Me William Bourdon, aurait assuré le parquet général de la volonté de son client de venir de son plein gré au procès où il comparaîtrait donc libre puisqu'il ne fait plus l'objet d'aucun mandat d'arrêt. Une visioconférence se serait-même déroulée entre les magistrats parisiens et l'universitaire pour fixer les modalités de son arrivée en France et de sa comparution devant la cour d'assises. Hassan Diab a-t-il de nouveaux arguments déterminants pour sa défense ? Fait-il confiance à ses avocats pour démonter de façon convaincante les charges très sérieuses qui pèsent sur lui ? L'annonce de cette venue de Hassan Diab a suscité une certaine surprise, en particulier auprès des parties-civiles. Si sa présence se confirme le jour de l'ouverture de l'audience, nul doute que le libano-canadien prend un très grand risque pour sa liberté compte tenu de la gravité de l'accusation et de la peine encourue. S'il est déclaré coupable, il encourt la réclusion criminelle à perpétuité.

Jusqu'au dernier moment, Hassan Diab conserve une autre option. Celle de rester au Canada et d'être jugé « par défaut » en laissant le soin à son avocat de le représenter et d'assurer sa défense. Mais dans ce cas de figure, le président de la cour d'assises spéciale aurait aussi la possibilité de refuser cette procédure du « défaut criminel » et de délivrer un nouveau mandat d'arrêt international après avoir constaté l'absence de l'accusé. Dans ce cas de figure, l'audience s'interromprait immédiatement, le temps que les autorités canadiennes se prononcent sur la question d'une seconde extradition. Le procès serait renvoyé à une nouvelle session, autant dire aux calendes grecques. Il y a fort à parier que les Canadiens y regarderaient à deux fois avant de prendre une décision. Interrogé à ce sujet, le ministre de la Justice canadien a répondu que le Canada « examinera avec la plus grande attention » une nouvelle demande venue de Paris. L'ambiguïté de la formule n'échappe à personne. Il faut se mettre à la place des Canadiens. En 2008, les autorités françaises leur ont adressé une demande d'extradition. Au bout de six années de réflexion, après avoir minutieusement examiné les charges contenues dans le dossier, ils ont accepté de livrer à la France ce citoyen canadien. La France l'a gardé durant trois ans derrière les barreaux sans le juger puis l'a relâché en expliquant que le dossier était finalement vide. Trois ans après cette libération, qui a suscité pas mal de remous au Canada et mis le gouvernement canadien en difficulté vis-à-vis de son opinion publique, les Français changent à nouveau d'avis. Ils informent leurs homologues canadiens que tout compte fait, après mûre réflexion, ils aimeraient finalement voir revenir ce suspect pour le traduire devant une cour d'assises spéciale – dépourvue de jurés populaires –, ce qui, vu du Canada, peut aisément passer pour une juridiction d'exception. Avouez que tout cela fait un peu brouillon, ne donne pas une très bonne image de la justice française outre-Atlantique et donne quelques arguments à Hassan Diab pour rester à Ottawa.

Chapitre 26
Amnesty connection

Depuis son retour à Toronto, Hassan Diab a beau jeu de se présenter comme le « Dreyfus canadien », victime d'une erreur judiciaire et de l'acharnement de magistrats français. Il a passé plus de trois ans en prison. Il n'y a pas eu de procès. Il n'a pas été jugé. Il n'a pas été indemnisé puisque l'affaire n'en finit pas de perdurer. Dans ce combat, le Libano-Canadien peut compter sur de nombreux soutiens dans l'opinion publique ainsi que sur un réseau d'ONG militantes. Tribunes, pétitions, conférences de presse… Des juristes, des universitaires, des responsables politiques et des intellectuels multiplient les appels au gouvernement pour qu'il ferme la porte par avance à toute demande d'extradition de Hassan Diab. Des associations ont lancé une campagne afin que le traité d'extradition entre le Canada et la France soit révisé, « afin d'éviter qu'une telle situation ne se reproduise », avertissent les organisations.

L'ex-professeur de sociologie est décrit comme pris dans un « labyrinthe impitoyable » d'une justice médiévale. Sa situation est comparée à celle d'un personnage d'un roman de Kafka. Rien, dans cette présentation, n'est précisé sur les charges tout de même sérieuses qui ont justifié ses tribulations et son renvoi devant une cour d'assises spéciale, compétente pour statuer sur les crimes terroristes.

Dans ce grand concert, Amnesty International occupe une place de choix. Tant en France qu'au Canada, l'organisation affiche un soutien sans faille à l'ex-professeur de sociologie. En avril 2013, l'ONG est officiellement intervenue, par l'intermédiaire de ses avocats, à l'audience de la cour d'appel de l'Ontario pour s'opposer à la demande d'extradition de la France. Hassan Diab n'est pourtant pas inquiété en raison de ses opinions ou d'une quelconque activité politique. Il est poursuivi par la justice d'un État européen – démocratique – qui lui demande des comptes sur son éventuelle implication dans un attentat à la bombe qui a tué quatre personnes et fait des dizaines de blessés. Consciente peut-être de sa position fragile, Amnesty International s'abrite derrière une position de principe : elle affirme ne se soucier que du manque de garanties juridiques encadrant la procédure d'extradition. Dans son mémorandum produit devant la cour d'appel canadienne, l'organisation manifeste son inquiétude sur un point particulier : les renseignements parvenus à la DST française en provenance de « services étrangers » *pourraient* avoir été obtenus par la torture. « Lorsqu'il existe un risque réel que des éléments de preuve obtenus sous la torture soient utilisés dans un procès, l'extradition ne doit pas avoir lieu », souligne Amnesty International.

Sur quels éléments précis se fonde l'ONG pour appuyer une telle argumentation ? Aucun, ou en tout cas elle ne le dit pas. Il s'agit tout au plus d'une supposition. Cette insinuation sans preuves est en tout cas assez claire. Elle vise au premier chef les Israéliens. Dans cette affaire, on l'a vu, la défense de Hassan Diab a tenté – non sans un certain succès auprès des magistrats instructeurs – d'accréditer l'idée que le point de départ de l'enquête serait un renseignement israélien recueilli dans des conditions suspectes. Ce qui invaliderait le reste, à savoir les nombreux indices et éléments à charge, mis au jour par les enquêteurs français, qui ont motivé le renvoi de Hassan Diab devant la cour d'assises.

En déployant ce système de défense, qui diabolise Israël pour mieux exonérer les organisations palestiniennes, les avocats du sociologue peuvent compter sur Amnesty International. Cette organisation de défense des droits de l'homme, qui revendique dix millions d'adhérents à travers le monde, dédie son combat à la défense des prisonniers d'opinion ou victimes de discriminations en raison de leur appartenance à une ethnie ou une religion. « Aucun gouvernement n'échappe à notre vigilance », proclame l'ONG qui assure être « indépendante de toute idéologie ». Au fil des ans, Amnesty International a évolué. Elle le reconnaît elle-même avoir élargi son domaine d'action. Ses détracteurs, eux, n'hésitent pas à dénoncer une dérive politique en faveur de l'extrême gauche et de la mouvance islamiste. Concernant Israël, l'organisation mondiale ne fait guère d'effort pour dissimuler une ligne antisioniste qui entache quelque peu son image d'arbitre impartial des droits humains. Elle mène régulièrement des campagnes de délégitimation de l'État juif dont les thématiques rejoignent celles des groupes palestiniens les plus irrédentistes. Concernant la question du terrorisme, Amnesty a publiquement affiché sa solidarité avec l'avocat palestinien Salah Hamouri, accusé par la justice israélienne d'être un dirigeant du FPLP, mais que l'ONG présente comme un prisonnier d'opinion.

À ces accointances idéologiques s'ajoutent des connexions militantes plus personnelles qui peuvent apporter un éclairage au soutien apporté par Amnesty International à Hassan Diab. Dans les années 2000, Josée Lambert était la coordinatrice des dossiers libanais à la section canadienne francophone de l'organisation. Cette photographe très engagée a effectué de nombreux voyages au Liban, en Irak et dans les territoires palestiniens. En août 2000, elle s'est rendue au pays du Cèdre pour affirmer le soutien d'Amnesty à deux dirigeants du Hezbollah capturés par l'armée israélienne et détenus en Israël. En 2004, elle a été invitée à la foire du livre de Beyrouth à l'occasion de la sortie de son livre *On les disait terroristes. Sous l'occupation du Liban-Sud*, paru chez un éditeur canadien, ouvrage panégyrique consacré aux milices palestiniennes et islamistes en lutte contre Israël. Le livre a bénéficié d'une traduction en arabe. Or, la traductrice, une sociologue libanaise installée à Montréal, au Canada, n'était autre que Fatima Faten Faour, identifiée par la DST française comme une ancienne activiste du FPLP et dont l'enquête, comme on le sait, a établi les relations étroites qu'elle entretient depuis des lustres avec Hassan Diab.

Chapitre 27
En guise de conclusion, pour une affaire inachevée…

À quelques semaines de l'ouverture du procès de Hassan Diab subsiste une interrogation. Elle concerne la décision des juges qui ont instruit le dossier et libéré le sociologue d'Ottawa. Pour quelles raisons ces deux magistrats aguerris ont-ils rendu une ordonnance de non-lieu ruinant d'un seul coup des années d'enquête qui avaient permis à leurs collègues les ayant précédés d'accumuler de nombreuses charges et indices contre Hassan Diab ? Comment ces deux magistrats ont-ils pu fonder leur décision sur des témoignages aussi fragiles, estimant qu'ils étaient suffisamment probants pour justifier la sortie de prison du Libano-Canadien et lui permettre de regagner son pays d'adoption où il est à ce jour hors d'atteinte des poursuites relancées contre lui ?

Le non-lieu est d'autant plus incompréhensible que les juges d'instruction avaient eux-mêmes, comme on l'a vu, manifesté la plus grande suspicion à l'égard des témoins produits par les avocats de Hassan Diab à partir de l'instant où celui-ci avait décidé de sortir de son silence. Au bout du compte, ce sont pourtant ces témoignages, présentés par la défense dans les derniers mois de la procédure, qui l'ont emporté.

À l'occasion de la rédaction de ce livre, nous avons sollicité les deux juges d'instruction dans l'espoir qu'ils puissent apporter un éclairage à leur décision. Les magistrats nous ont opposé un refus poli, arguant à juste titre qu'ils étaient toujours soumis au secret de l'instruction. Dans sa réponse, le juge Jean-Marc Herbaut évoque la possibilité qu'il puisse être appelé à témoigner à l'audience de la cour d'assises, comme la procédure le prévoit notamment si l'une des parties en fait la demande. Le cas échéant, l'audition du magistrat sera pour lui l'occasion d'expliquer par quel cheminement intellectuel il est parvenu à la conclusion que le non-lieu s'imposait. Les parties civiles auront alors tout le loisir de lui soumettre leurs remarques et leurs questions. Sa venue à la barre ne sera certainement pas le moment le moins intéressant du procès, prévu pour durer trois semaines.

Quelle qu'en soit l'issue, la défense comme le parquet auront la possibilité de faire appel et d'introduire de nouveaux recours. Quarante-trois ans après l'explosion meurtrière de la bombe devant la synagogue de la rue Copernic, il n'est pas sûr que le verdict qui sera rendu par la cour d'assises spéciale de Paris permette à l'affaire de connaître son épilogue judiciaire.

Le dossier Copernic en cinquante dates

1980

17 septembre 1980 – Visa espagnol apposé sur le passeport libanais de Hassan Diab par l'ambassade d'Espagne à Beyrouth.

20 septembre 1980 – Tampon d'entrée en Espagne par l'aéroport de Madrid-Barajas apposé sur le passeport libanais de Hassan Diab.

22 septembre 1980 – L'homme porteur d'un faux passeport chypriote au nom d'Alexander Panadriyu arrive à l'*Hôtel Celtic* à Paris où il va passer une nuit.

23 septembre 1980 – L'homme porteur du passeport au nom d'Alexander Panadriyu achète la moto Suzuki sur laquelle a été fixée la bombe.

25 septembre 1980 – Un homme porteur d'un faux passeport chypriote au nom de Joseph Mathias loue une voiture GS Citroën chez un loueur parisien. Le même jour, Joseph Mathias achète au *BHV* un tendeur sandow dont le ticket d'achat est retrouvé dans la voiture louée.

27 septembre 1980 – Alexander Panadriyu est interpellé par le vigile du magasin *Inno* de Montparnasse pour être sorti sans régler l'achat d'une pince coupante.

3 octobre 1980 – Attentat contre la synagogue de la rue Copernic.

7 octobre 1980 – Tampon de sortie d'Espagne apposé sur le passeport libanais de Hassan Diab.

12 octobre 1980 – La voiture GS Citroën louée au nom de Joseph Mathias est retrouvée abandonnée dans un parking de l'avenue Foch à Paris.

1981

Avril 1981 – Date de perte de son passeport alléguée par Hassan Diab lors de sa première déclaration de perte à la Sûreté générale libanaise, le 17 mai 1983.

30 avril 1981 – Visa yougoslave apposé sur le passeport de Hassan Diab par l'ambassade de Yougoslavie à Beyrouth.

24 mai 1981 – Visa turc sur le passeport de Hassan Diab.

2 juin 1981 – Tampon de sortie du Liban par El Masnaa à la frontière syrienne sur le passeport de Hassan Diab.

5 octobre 1981 – Visa algérien sur le passeport de Hassan Diab.

8 octobre 1981 – Tampon de sortie du Liban par l'aéroport de Beyrouth sur le passeport de Hassan Diab.

8 octobre 1981 – Le passeport libanais de Hassan Diab est saisi par les douaniers romains sur un passager d'un vol en provenance de Beyrouth qui s'avère être un responsable du FPLP-OS.

20 octobre 1981 – Attentat à la camionnette piégée devant la synagogue d'Anvers (Belgique).

1983

17 mai 1983 – Hassan Diab se présente à la Sûreté générale libanaise pour déclarer la perte de son passeport. Il indique l'avoir perdu en avril 1981.

1987

Été 1987 – Hassan Diab et Nawal Copty quittent le Liban.

21 août 1987 – Mariage de Nawal Copty et de Hassan Diab à Nicosie (Chypre).

27 août 1987 – Hassan Diab et Nawal Copty arrivent aux États-Unis.

1988

12 mars 1988 – Interrogé par la DST à Nice dans le cadre d'une autre affaire, Youssef El-Khalil indique que Hassan Diab est membre du Parti des travailleurs socialistes arabes, « vitrine légale du FPLP ». L'épouse de Youssef El-Khalil, également interrogée, affirme que Hassan Diab et son épouse Nawal Copty militent au FPLP.

1991

Hassan Diab et Nawal Copty se séparent avant de divorcer deux ans plus tard.

1994

Avril 1994 – Hassan Diab épouse Heather Lyn Winne rencontrée à l'université de Syracuse (États-Unis) où il enseigne la sociologie.

1996

Hassan Diab s'installe au Canada après avoir divorcé d'avec Heather Lyn Winne. Il est naturalisé canadien.

1999

Printemps 1999 – Un rapport de la DST identifie Hassan Diab comme l'un des membres du commando ayant perpétré l'attentat.

2 octobre 1999 – Sollicitées par Interpol, les autorités canadiennes indiquent que Hassan Diab vit à Ottawa.

2000

21 novembre 2000 – Le juge parisien Jean-Louis Bruguière reçoit une copie du passeport de Hassan Diab retrouvé dans les archives de la police italienne.

2004

Novembre 2004 – Hassan Diab indique sur des documents administratifs canadiens le nom de Fatima Faten Faour, une ancienne militante du FPLP, comme faisant partie des personnes pouvant garantir son identité.

2006

Hassan Diab et Fatima Faten Faour effectuent un séjour touristique à Cuba.

2008

10 octobre 2008 – Interrogé à Beyrouth par le juge Marc Trévidic, Youssef El-Khalil confirme son témoignage sur la proximité de Hassan Diab avec le FPLP.

5 novembre 2008 – Le juge Marc Trévidic lance un mandat d'arrêt international contre Hassan Diab.

13 novembre 2008 – Hassan Diab est arrêté par la Gendarmerie royale du Canada puis remis en liberté conditionnelle.

24 novembre 2008 – Première audition à San Francisco de Nawal Copty, l'ex-épouse de Hassan Diab, par le juge Marc Trévidic qui souhaite recueillir son témoignage. Nawal Copty invoque le droit au silence.

Novembre 2008 – Témoignage de Heather Lyn Winne, la seconde épouse de Hassan Diab.

2009

25 décembre 2009 – Arrivée à Paris en provenance de Beyrouth de Sanaa Mortada, la sœur de Hassan Diab.

29 décembre 2009 – Convocation comme témoin et mise sur écoute de Pierrette C., ex-belle-sœur de Hassan Diab.

30 décembre 2009 – Rencontre furtive à Paris entre Pierrette C. et Sanaa Mortada.

2010

1er janvier 2010 – Sanaa Mortada quitte Paris pour se rendre à Ottawa.

12 janvier 2010 – Audition de Pierrette C.

10 mars 2010 – Audition de l'ancien vigile du magasin *Inno* de Montparnasse qui identifie Hassan Diab comme l'homme porteur du faux passeport chypriote au nom d'Alexander Panadriyu qu'il avait interpellé le 27 septembre 1980.

23 octobre 2010 – Fatima Faten Faour, interrogée comme témoin par la justice québécoise.

2014

15 novembre 2014 – Hassan Diab est extradé du Canada et incarcéré en France. Il se refuse à toute audition et se mure dans son silence.

2016

7 janvier 2016 – Hassan Diab, qui fait savoir qu'il est finalement prêt à s'expliquer, est longuement interrogé à partir de cette date par le juge d'instruction Jean-Marc Herbaut. Lors de cet interrogatoire, il affirme avoir perdu son passeport libanais en septembre 1980 et non en avril 1981, comme indiqué précédemment devant la police libanaise.

13 janvier 2016 – Le juge Jean-Marc Herbaut sollicite une coopération judiciaire avec Israël.

20 avril 2016 – Après huit ans de silence, Nawal Copty indique qu'elle est disposée à témoigner en faveur de son ex-mari.

Juillet 2016 – Belinda Fuller se manifeste spontanément auprès du FBI pour évoquer une confidence que lui aurait faite Hassan Diab en 1991 au sujet de « l'explosion » d'une voiture.

4 septembre et 7 novembre 2016 – Belinda Fuller est auditionnée à nouveau en visioconférence par le juge parisien Jean-Marc Herbaut. Elle confirme ses déclarations.

2017

6 juin 2017 – Une délégation israélienne se rend à Paris pour s'entretenir avec les juges d'instruction en charge de l'affaire.

6 octobre 2017 – Les juges d'instruction reçoivent le rapport synthétisant les renseignements détenus par les Israéliens sur l'attentat de la rue Copernic.

2018

12 janvier 2018 – Les juges Jean-Marc Herbaut et Richard Foltzer rendent un non-lieu en faveur de Hassan Diab qui est libéré de prison le jour même et regagne le Canada.

2021

27 janvier 2021 – La chambre de l'instruction de la cour d'appel de Paris annule le non-lieu et renvoie Hassan Diab devant la cour d'assises spéciale de Paris.

19 mai 2021 – La Cour de cassation confirme l'annulation du non-lieu.

2023

3 avril 2023 – Ouverture prévue du procès de Hassan Diab pour son implication dans l'attentat contre la synagogue de la rue Copernic, le 3 octobre 1980.

Collection *Interventions*

Jean-Claude Barreau, *Tout ce que vous avez voulu savoir sur Israël sans jamais oser le demander*, 2011
Jean-Claude Barreau, *Sans la nation, le chaos, L'Aveuglement des élites*, 2012.
Jean-Claude Barreau, *Liberté, Égalité, Immigration ?*, 2016
Thierry Baudet, *Indispensables frontières* (traduit de l'anglais), 2015
Ghislain Benhessa, *Le Totem de l'Etat de droit*, 2021
Georges Bensoussan, *Un Exil français*, 2021
Jean-Marc Berlière, Emmanuel de Chambost, René Fiévet, *Histoire d'une falsification – Vichy et la Shoah dans l'Histoire officielle et le discours commémoratif*, 2023
Richard Booker & Christopher North, *La grande dissimulation – Histoire secrète de l'UE* (traduit de l'anglais), 2016
Christopher Caldwell, *Une révolution sous nos yeux, Comment l'islam va transformer la France et l'Europe* (traduit de l'anglais USA), 2011.
Régis de Castelnau, *Une Justice politique*, 2021
Pierre Chaillot, *Covid 19, ce que révèlent les chiffres officiels*, 2023
Anne-Sophie Chazaud, *Liberté d'inexpression*, 2020
Collectif, *Histoire de l'islamisation française 1979 – 2019*, 2019
Collectif, *Autopsie d'un déni d'antisémitisme – Autour du procès fait à Georges Bensoussan*, 2017
Paul Collier, *Exodus – Immigration et multiculturalisme au XXIe siècle* (traduit de l'anglais), 2019
José D'Arrigo, *Marseille mafias*, 2012
José D'Arrigo, *Faut-il quitter Marseille*, 2015
Alexandre Del Valle, *Le complexe occidental*, 2014
Alexandre Del Valle & Randa Kassis, *Comprendre le chaos syrien*, 2016
Alexandre Del Valle, *Les vrais ennemis de l'Occident*, 2016 et en poche, 2019
Alexandre Del Valle, *La stratégie de l'intimidation*, 2018
Alexandre Del Valle & Emmanuel Razavi, *Le Projet*, 2019
Aexandre Del Valle & Jacques Soppelsa, *La Mondialisation dangereuse*, 2021
Christophe Dutrône, *La Victoire taboue, Algérie, la réussite tactique de l'armée française*, 2012.
David Engels, *Le Déclin, La Crise de l'Union européenne et la chute de la République romaine, analogies historiques*, 2013 et en poche, 2019
Serafin Fanjul, *Al Andalus, l'invention d'un mythe*, 2017 (traduit de l'espagnol) et en poche, 2019
Laurent Fidès, *Face au discours intimidant – essai sur le formatage des esprits à l'ère du mondialisme*, 2015 (et en poche, 2018)
Christian Gerondeau, *le CO2 est bon pour la planète, 2018*
Christian Gerondeau, *La religion écologiste*, 2021
Christian Gerondeau, *Les douze mensonges du GIEC – La religion écologiste 2*, 2022

Christian Gerondeau, *La Voiture électrique et autres folies – La religion écologiste 3*, 2022
Andrew Hussey, *Insurrections en France* (traduit de l'anglais), 2015
Laurent Izard, *La France vendue à la découpe*, 2019
Laurent Izard, *A la sueur de ton front – les vraies conséquences de la mondialisation sur le travail en France*, 2021
François Jourdan, *Islam et Christianisme comprendre les différences de fonds*, 2015 et en poche, 2017
Robert D. Kaplan, *La Revanche de la géographie* (traduit de l'anglais – USA), 2014
Steven Koonin, *Climat, la part d'incertitude* (traduit de l'anglais – USA), 2022
Matthias Küntzel, *Jihad et haine des Juifs* (traduit de l'allemand), 2015
Ryszard Legutko, *Le Diable dans la démocratie* (traduit de l'anglais), 2021
Yves Mamou, *Le grand abandon – Les élites françaises et l'islamisme*, 2018
Yves Mamou, *Dix petits mensonges et leurs grandes conséquences*, 2021
Douglas Murray, *L'étrange suicide de l'Europe* (traduit de l'anglais), 2018 et en poche, 2020
Douglas Murray, *La grande déraison – Race, genre, identité* (traduit de l'anglais), 2020
Douglas Murray, *Abattre l'Occident – Comment l'antiracisme est devenu une arme de destruction massive* (traduit de l'anglais), 2022
Anne-Sophie Nogaret, *Du Mammouth au Titanic*, 2017
Anne-Sophie Nogaret & Sami Biasoni, *Français malgré eux – Indigénistes, racialistes, décolonialistes, enquête sur ceux qui veulent déconstruire la France*, 2019
Paul-François Paoli, *L'Imposture du vivre-ensemble*, 2018
Paul-François Paoli, *Aux sources du malaise identitaire français*, 2019
Dalmacio Negro Pavon, *La loi de fer de l'oligarchie*, 2019
Yves Perez, *Les Vertus du protectionnisme*, 2019
André Perrin, *Scènes de la vie intellectuelle en France*, 2016
André Perrin, *Journal d'un indigné*, 2019
André Perrin, *Postures médiatiques*, 2022
Rémy Prud'homme, *L'Idéologie du réchauffement*, 2015 et en poche, 2020
Rémy Prud'homme, *Cent cailloux dans la chaussure de Monsieur Macron*, 2021
Ingrid Riocreux, *La Langue des médias*, 2016 et en poche, 2019
Ingrid Riocreux, *Les Marchands de nouvelles*, 2018
Bruno Riondel, *Considérations inconvenantes sur l'École, l'Islam et l'Histoire en France à l'ère de la mondialisation*, 2015
Bruno Riondel, *Cet étrange Monsieur Monnet*, 2017
Bruno Riondel, *L'Effroyable vérité – Communisme, un siècle de tragédies et de complicités*, 2019
Ivan Rioufol, *Macron de la grande mascarade aux Gilets jaunes*, 2018
Ivan Rioufol, *Le Réveil des somnambules*, 2020
Ivan Rioufol, *Journal d'un paria*, 2022
Thilo Sarrazin, *L'Allemagne disparaît* (traduit de l'allemand), 2013
Roger Scruton, *De l'urgence d'être conservateur* (traduit de l'anglais), 2016

Roger Scruton, *L'Erreur et l'orgueil – Penseurs de la gauche moderne* (traduit de l'anglais), 2019
Oskar Slingerland & Maarten Van Mourik, *La Crise incomprise*, 2013
Michèle Tribalat, *Assimilation la fin du modèle français*, 2013 et en poche, 2018
Michèle Tribalat, *Statistiques ethniques, une querelle bien française*, 2016
Michèle Tribalat, *Immigration, idéologie et souci de la vérité*, 2022
Tarik Yildiz, *Qui sont-ils ? Enquête sur les jeunes musulmans de France*, 2016
Paul Yonnet, *Voyage au centre du malaise français*, 2022
Jean-Louis Vullierme, *Miroir de l'Occident – le nazisme et la civilisation occidentale*, 2014 (en poche : *Le nazisme et la civilisation*, 2018)

Achevé d'imprimer en France chez CPI Firmin Didot en février 2023
Dépôt légal : mars 2023
N° d'impression : 173897